VIVE LA FRANCE!

FONTAINE & NOË

GRANDS DESTINS
BELMONDO
Le magnifique
40 ANS D'AMOUR DU PUBLIC
INTIMITE POCHE N°2
poche noire
63,6 km à 5'56''

Heleen Tichler

VIVE LA FRANCE!

Frankrijk, het land, de mensen en de romantiek

FONTAINE & NOË

Fontaine & Noë is een imprint van Fontaine Uitgevers B.V.

Samenstelling: Heleen Tichler en Jack Botermans, Amsterdam
Tekst Heleen Tichler
Vormgeving: Jack Botermans
Fotografie (tenzij anders vermeld) door en uit de verzameling van Jack Botermans
Research: Heleen Tichler en Jack Botermans

Pag. 34, 122 lb-ro, Spaarnestad photo, Haarlem

Druk- en bindwerk: Indice, Barcelona

ISBN 978 94 6054 0295
NUR 500

Eerste druk 2010

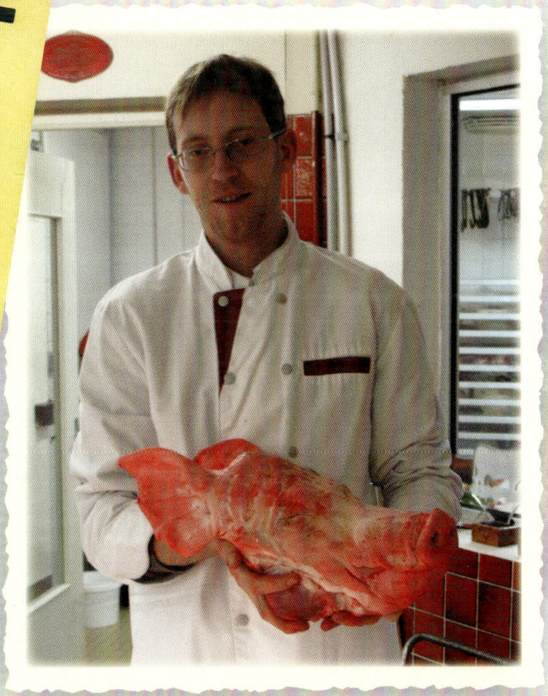

Inhoud

Voorwoord 7
Périphérique en péage 9
Ontbijtje in Parijs 11
Tussendoortje oftewel 'le casse-croûte' 12
Traction Avant! 14
Zeg het met muren 16
Vele aperitiefjes en gekleurd bier 19
Petit déjeuner familial 23
School voor meisjes, jongens en burgemeesters 25
La vache qui rit! 27
Of je worst lust? 31
Mag het ietsje meer zijn? 33
Lourdes 35
Pondje levende kip s'il vous plaît 37
Overbruggen! 39
Funès tegen Bourvil, Jean Gabin en Michel Galabru 41
O Renault 43
Tour de France 45
De pot op! 49
De jacht ontkomen 51
Flesje wijn erbij 53
Lekker wijntje... 55
Brigitte Bardot, Bardot... 56
Roger Vadim 57
Wie zou dáár nou wonen? 59
Wie kust Fanny? 60
Jour de Fête 63
Peugeot 65
Johnny Hallyday 66
De Vijfde Republiek 69
(Als) God in Frankrijk 71
Heiligen overal en in elke vorm! 73
Ze zijn overal 75
Het houdt nooit op... 77
Altijd wel ergens een feest... 79
Quatorze Juillet 81
Geen feestje zonder accordeonmuziek 83
Brocante 85
Circus 87
Simca 89
Menu du jour, messieurs-dames? 91
Een beetje Fransman heeft een zakmes 93
Overal staat wel een draaimolen 95
Katachtige Alain Delon 96
Jean-Paul Belmondo, de stuntman-acteur 97
Allôôô, j'écoute! 99
Elke dag verse vis, overal in Frankrijk 101
Baguette! 105
Napoleon, keizer en cognac 108
Georges Brassens 110
Charles Aznavour 111
De boerderij 113
Vooruit met de geit 115
Kastelen 119
Stranden 121
Op de camping 123
Van chansons, dans en films 125
En wat we allemaal niet lieten zien 127
Toen waren we weer thuis! 128

L'AMIE DE L'ESTON
SUZE
APERITIF A LA
SECOND SERIES
COLAT MENIER
CONCESSION No. 176.
WORLD'S COLUMBIAN EXPOSITION
Fifteen 15 Cents.
No. 58825
ECOLE COMMUNALE
MAIRIE
ESSENCE

Woord vooraf

'Leven als God in Frankrijk' is een bekend gezegde. Genieten van de goede dingen van het leven, in alle rust en alle kalmte die in Frankrijk nog overal te vinden is. En wanneer je zo door het land rijdt, valt het je al snel op: het lijkt of de tijd er stilstaat. Dat is echter niet waar. Frankrijk is een land dat leeft met twee snelheden: snel in de grote stad, langzaam op de "campagne", het platteland (dat overigens niet zo heel plat is). De "campagne" waar tradities nog in ere worden gehouden en waar je dingen doet zoals je dat generaties geleden al deed. Gewoon omdat er tot nu toe geen reden was om dat te veranderen.

Het zijn die oude gebruiken, die tradities, die argeloze levensstijl waarvoor zo vele toeristen jaarlijks weer naar Frankrijk komen. De nostalgische herinneringen aan weleer, de kleine dingetjes die soms niet meteen opvallen, maar die wel Frankrijks essentie zijn en waarom God, maar in ieder geval de Fransen, nooit ergens anders zouden willen wonen.

Natuurlijk is Frankrijk de laatste tientallen jaren veranderd, moderner geworden, sneller, maar liever doen de Fransen alsof dat allemaal niet zo is. Ze genieten nog steeds van het dagelijks dutje na de middagmaaltijd, van de feestdagen, van de oude Traction Avant, van de traditionele keuken, van het stokbrood onder de snelbinders, van de oude, betonnen richtingaanwijzers enzovoort, enzovoort.

Daarom gaat dit boek niet over beroemde kastelen, steden, mode, landschappen en de andere overbekende bezienswaardigheden, maar neemt het je mee op een reis door Frankrijk met het accent juist op die kleine, nostalgische dingen die we door onze eigen snelle levensstijl al te gemakkelijk over het hoofd zien. Maar waardoor we zin krijgen gauw weer met vakantie te gaan. Naar Frankrijk!

Ten tijde van de Franse Revolutie was Parijs nog niet zo groot. De Bastille, de gevangenis waar het allemaal begon, lag toentertijd aan de rand van de stad.

Périphérique en péage

Daarna is het pas écht vakantie!

Stress, stress in de auto. We zijn dan wel met vakantie, maar ontspannen wordt het pas echt als we Parijs achter de rug hebben. Want daar moeten we over de Boulevard Périphérique, de rondweg om Parijs. Het klinkt romantisch, zo'n boulevard, maar daarachter gaat de verkeersnachtmerrie van menig toerist schuil. Links en rechts schieten de auto's je om de oren, die Fransen rijden als gekken. En ja! Daar! Díé afslag hadden we moeten hebben voor de Autoroute du Soleil naar het zonnige zuiden. Gemist! Zo ging dat in de tijd van vóór de GPS. De Périphérique is zo'n 35 kilometer lang en het drukste stukje weg van Frankrijk. De opening ervan in 1973 betekende dat het doorgaande verkeer niet meer allemaal dwars door Parijs hoefde, wat op zich een grote vooruitgang was. De weg gaat inmiddels echter nogal aan zijn eigen succes ten onder, hij staat dagelijks vol maar kan door de stedelijke omgeving niet worden verbreed. En hij heeft eigen regels: van rechts invoegend verkeer heeft er voorrang. Is Parijs eenmaal gepasseerd, dan wordt het gemakkelijker op de autoroute die volgt. Tot aan de poortjes van de "péage" (tol) waar het verkeer vooral op zwarte zaterdag, de drukste dag van de zomervakantie, volkomen vast kan lopen. Ach, vroeger stonden we vast op de Route Nationale, tegenwoordig op de snelweg. Eigenlijk is er niet veel veranderd!

METROPOLITAIN
SUCRE EN POUDRE
Saint Louis Sucre

Ontbijtje in Parijs

Montmartre, het Louvre, de Arc de Triomphe, de Seine, de Eiffeltoren en nog zo veel meer bezienswaardigheden maken het de moeite waard meerdere dagen door Parijs te dwalen.
Foto's door Piet Botermans.

Het toppunt van romantiek, dat is toch wel wakker worden in Parijs met je geliefde en even later samen aanschuiven op het terrasje van een mooie brasserie voor een ontbijtje à deux. Als je geluk hebt tref je nog zo'n ouderwetse ober die met luide stem de bestelling naar achteren doorschreeuwt. Café au lait, croissantje, stukje baguette met jam. Uitzicht op de Sacré-Coeur, de Eiffeltoren, de Seine... En dan eens rustig bedenken wat je die dag gaat doen. Voor de Parijzenaars zelf is die dag al lang begonnen. Binnen de stadsgrenzen, dus binnen de Boulevard Périphérique, wonen er ruim twee miljoen mensen, in de agglomeratie rondom Parijs loopt dat op tot bijna twaalf miljoen. Al die mensen houden de stad draaiende die het centrum van Frankrijk vormt, al ligt hij bepaald niet in het hart van het land. Maar als het aan de Fransen ligt, is hij nog altijd een beetje het centrum van de wereld!

Ook Cliff Richard bezocht Parijs, samen met zijn Shadows, in de jaren '60. Voorloper van de talloze Engelsen die vandaag de dag hun Franse droom willen verwezenlijken.

Tussendoortje oftewel 'le casse-croûte'

Als je onder Parijs komt begint de maag te knorren. Dus snel aanleggen bij een restaurantje of de koelbox aanspreken. Maar zo verwonderlijk is dat niet. Je bent nu in het land waar elke ochtend tussen negen en tien uur de "casse-croûte" genuttigd wordt. De dagen beginnen vroeg op het platteland. Dus een hapje tussendoor is altijd welkom. Eten zonder dat je je aan keurige manieren hoeft te houden. Een stukje brood, wat worst erbij, een kaasje, weggespoeld met een glaasje lokaal bocht. Tot eind negentiende eeuw was de casse-croûte een apparaat om brood met harde korst mee te vermalen, zodat ook oude, tandenloze grijsaards het konden eten. Maar in de twintigste eeuw werd het de simpele tussendoormaaltijd, die vooral werd genuttigd door boeren en arbeiders die tijdens hun werk niet naar huis konden om te eten. En dus het eten maar mee naar het werk namen in de knapzak. Maar niet alleen de boeren, ook de casse-croûte gaat met zijn tijd mee. Dus vind je op de kaart in trendy Parijse restaurants onder "casse-croûte" ineens een hartige taart met groene asperges en gerookte zalm, of een "millefeuilles" met geitenkaas en truffel. En dat kun je dan niet meer gewoon met je vingers naar binnen schuiven...

"On va casser la croûte?!" is een in Frankrijk veelgehoorde uitnodiging om maar eens aan tafel te gaan.

LAGUIOLE
LE FIDELE
SANDVIK
FRANCE
MORTEAU

Traction Avant!

Wie Frankrijk zegt, zegt ook auto-industrie. Van de vele Franse merken die er hebben bestaan zijn er nog enkele over. Citroën is natuurlijk een van de bekendste, sinds 1974 gefuseerd met Peugeot. In 1919 begon Citroën als eerste in Europa met het bouwen van auto's aan de lopende band. En logischerwijs werd dat eerste model "Type A" genoemd. Type B en C volgden, maar het eerste grote succes werd behaald in 1934 toen de Traction Avant uitkwam. Deze auto met voorwielaandrijving was zijn tijd ver vooruit wat techniek en comfort betreft en werd tot 1957 geproduceerd. Na de Tweede Wereldoorlog was het tijd voor de volgende klapper: de 2CV. De eisen die er aan het autootje waren gesteld bleken streng. Zo moest er door zowel beginners als vrouwen en met klompen aan in gereden kunnen worden. De auto was uitermate geschikt om mee over landweggetjes te hobbelen, maar werd ook bij stadsbewoners zeer populair. "La deuche" werd het symbool voor het vrolijke, zorgeloze Frankrijk van de jaren '60 en werd van 1948 tot 1990 geproduceerd. Het bestelmodel was jarenlang de auto van de Franse postbodes. Wie meer geld te besteden had, kon van 1955 tot 1975 kiezen voor de DS ("déesse", godin). Een wonder qua vormgeving en techniek en voorzien van het nieuwe hydropneumatische veringssysteem. De auto was al snel geliefd bij dure zakenlieden en notabelen en president De Gaulle overleefde er een aanslag in.

De bestelauto Type H (links) was op vele manieren inzetbaar: van veldhospitaal tot frietkraam en van groentekar tot politiebus.

En zo eindigt het leven van een auto: onder het onkruid of als kippenhok.

De Ami 6 en 8 werden gebouwd op een 2CV chassis maar hadden meer kracht en comfort. Ze waren bedoeld om het gat tussen 2CV en DS op te vullen.

Zeg het met muren

Staan tegenwoordig langs de weg overal grote reclameborden, vroeger werd de reclameboodschap gewoon op de muur geschilderd. Je ziet ze nog overal, inmiddels verbleekt of met hier en daar een nieuw raam er dwars doorheen gemaakt, maar nog altijd herkenbaar. In ruil voor een opknapbeurt van de buitenmuur wilden de mensen best een poetsmiddel, alcoholische drank, automerk of chocolade aan de man brengen. De "muralistes", de schilders van deze muurreclames waren beslist vaklieden en al hangt hun werk niet in het museum, ze hebben tot in deze tijd nog vele bewonderaars.

Ça-va-seul was zelfs tot in Nederland verkrijgbaar!

Vele reclames werden weer overgeschilderd als ze vervaagd waren door zon en regen. De muur was al geprepareerd als gladde ondergrond, dus dat scheelde.

Suze is een aperitief op basis van gentiaanwortel uit de Auvergne. Het heeft een bittere, volgens kenners subtiele smaak. Byrrh, een drankje op basis van wijn en kruiden, komt uit de Pyreneeën en werd oorspronkelijk verkocht in de apotheek vanwege zijn "genezende" kwaliteiten!

Vele aperitiefjes en gekleurd bier

Het aperitief, of kortweg "apéro", is een oude traditie die dient om de eetlust op te wekken voor lunch of diner. Een alcoholisch drankje, vaak een lokale specialiteit, met een klein, licht hapje erbij om even te ontspannen voor het serieuze eten begint. Ook nuttig voor het lichtelijk verdoven van de maag, om de vette en zware gerechten die volgen beter aan te kunnen! Is de maaltijd achter de kiezen, uiteraard onder het genot van de bijpassende wijn, dan volgt het digestief. Sterker dan een aperitief, want de maag heeft natuurlijk wel een beetje hulp nodig bij het verwerken van al die heerlijkheden.

Absint was in de negentiende eeuw zeer populair, onder anderen bij kunstenaars zoals Vincent van Gogh. Het was een hoogalcoholisch anijsdrankje en er werd van beweerd dat je er gek van werd. Reden voor veel landen om het begin twintigste eeuw te verbieden.

Niet alle vermout komt uit Italië. Noilly Prat is de bekendste Franse vermout, doux (zacht) of dry, en wordt al gemaakt sinds 1813.

Picon is een bitter; een aperitief dat gedronken wordt bij een biertje. Er is ook een versie voor bij witte wijn.

Fransen zijn ook grote bierliefhebbers. Iedere streek heeft wel zijn specialiteiten. En wat giet een Fransman graag in zijn bier voor wat extra smaak? Limonadesiroop! Dat wordt trouwens ook graag gedronken door witte wijn. En je kunt het zelfs met gewoon water drinken! Al zijn de smaken voor een toerist soms wat te exotisch: viooltjes, lavendel, karamel of oranjebloesem...

CHOCOLAT
MENIER
ÉVITER LES
CONTREFAÇONS
ASTRA
CHOCOLAT
MENIER
HOTEL
CHOCOLATS
Menier
CHOCOLAT
MENIER
CHOCOLAT-MENIER
BÂTONS-MENIER
5.10.15
EN VENTE PARTOUT
CHOCOLAT
MENIER
BANANIA
PETIT DÉJEUNER FAMILIAL
CHOCOLAT
MENIER
ÉVITER LES
CONTREFAÇONS

Petit déjeuner familial

De handel in oude of nieuwe Banania-spulletjes is nog altijd levendig. Zelfs wie nog nooit een slok van het goedje heeft gedronken herkent dit Franse cultuuricoon.

In Frankrijk is het ontbijt anders dan bij ons. Een grote kom warme chocola en een stuk stokbrood dat daarin wordt gedoopt, dat is het voor veel Fransen wel. Fransen zijn dol op chocola, om te drinken of te eten, en zien het graag als iets gezonds. Franse merken als Delespaul-Havez en Menier, in zijn beste tijd wereldleider op de chocolademarkt, zijn al lang verdwenen. Tegenwoordig zijn ze enkel nog bekend vanwege hun beroemde reclame-uitingen, die je nog steeds aantreft op nostalgisch bedoelde posters, emaille borden of serviesgoed. Ook bekend, zeker bij bezoekers van brocantes en rommelmarkten, is het merk Banania. De cacaodrank met bananenmeel, granen en honing werd aangeprezen als het ideale ontbijt en kreeg enorme bekendheid door de afbeelding van de Senegalese soldaat uit het Franse koloniale leger, tegen een knalgele achtergrond. Het is overigens nog steeds te koop, al is de verpakking aangepast aan de moderne tijd. En waar Nederlanders cichorei slechts associëren met koffiesurrogaat uit de oorlog, is het in Frankrijk al sinds jaar en dag een zeer gewaardeerde ontbijtdrank, die nog gezond is ook. Het merk Leroux bestaat al meer dan 150 jaar.

ENCRE Idéal Waterman
ENCRE A STYLO
ANYX
QUALITÉ SUPÉRIEURE
pas de buvard !...
avec "CRITÉRIUM"
"CRITERIUM 18"
GILBERT
BLANZY-POURE
vous offre ce buvard, et vous recommande les plumes:
SERGENT-MAJOR SUPÉRIEURE - DÉPARTEMENTALE CÉMENTÉE - HENRY SUPÉRIEURE
Beaumont (Hte-Vienne)
L'Ecole
MAIRIE
ECOLE DES FILLES

School voor meisjes, jongens en burgemeesters

Het dorpsschooltje, dat bestaat nog in Frankrijk. Scholen die bestaan uit slechts enkele klassen of zelfs maar één zijn op het platteland geen zeldzaamheid. Toch staan er tegenwoordig ook heel wat oude schoolgebouwtjes leeg bij gebrek aan kinderen. Onderwijs is in Frankrijk een zaak van de overheid. Geen wonder dus dat schoolgebouw en gemeentehuis (de "mairie") vaak aangrenzend waren. Kon de burgemeester mooi in de gaten houden of de onderwijzers er wel de wind onder hadden. Sinds eind negentiende eeuw, met de onderwijswetten van toenmalig minister Jules Ferry, is het onderwijs in Frankrijk openbaar, verplicht, gratis en niet-godsdienstig.

Franse kindertjes leren natuurlijk taal en rekenen, maar krijgen ook lessen in burgerschap om ze te doordringen van de betekenis van vrijheid, gelijkheid en broederschap. De waarden van de "République" worden in Frankrijk hoog aangeslagen. Na de lagere school volgt het "collège", een soort middenschool die vier jaar duurt, en daarna het "lycée" dat wordt afgesloten met het "baccalauréat"-eindexamen.

In elk dorpje in Frankrijk staat nog wel een schooltje. Het zijn charmante gebouwtjes, uit de tijd dat het onderwijs voor jongens en meisjes nog strikt gescheiden was.

CHES (S.-&-M.) — La Ferme Thierry - Vue Intérieure

La vache qui rit!

De mascotte van Frankrijk is van oudsher een haan, maar het had net zo goed een koe kunnen zijn. Fransen houden van koeien, vooral als ze goed geprepareerd als flinke lap of in stukjes in de pan liggen. Entrecote, boeuf bourguignon, pot-au-feu, er is geen einde aan de hoeveelheid manieren waarop goed rundvlees bereid kan worden. Maar voor het zover is gaat er een heel koeienleven aan vooraf en dat leven bracht de koe door op een van de vele boerderijen die Frankrijk rijk is. Een Franse boer is trots op zijn koeien. De mooiste worden gepoetst en geboend op lokale en regionale concoursen geshowd en de mooiste daarvan mogen naar de tweejaarlijkse landbouwtentoonstelling in Parijs, waar ze worden bewonderd door hondderdduizenden bezoekers en als ze even geluk hebben door de Président de la République zelf. Op het Franse platteland lopen zo'n achttien miljoen runderen rond, niet alleen voor het vlees, er is ook heel wat melkvee bij. En ook dat is geliefd. Want ergens moet je toch al die kaas, boter, crème fraîche en heerlijke toetjes van maken waar de Franse keuken zo rijk aan is.

Het beroemde beeldmerk van de kaasjes van "La vache qui rit" (de lachende koe) wordt graag gebruikt voor allerlei persiflages, zoals hier met presidentskandidate Ségolène Royal.

Ville de Bourganeuf
19 Septembre 2009

Dikke billen en een nog dikkere nek. De stier, de trots van iedere veeboer, staat in de regel gewoon in de wei bij zijn koeien.

Meneer maakt iedere koe om de beurt op galante wijze het hof, en ... maanden later staat de wei vol nieuwe kalfjes.

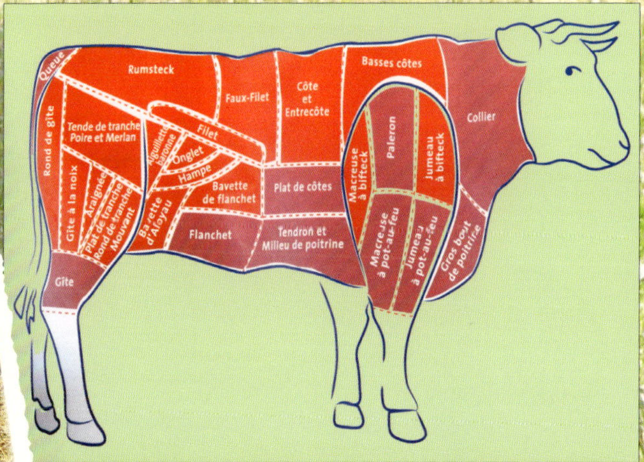

CHARCUTERIE
le Roi du Boudin
Robert AUZELLE
23700 AUZANCES
Recette du
MORTEAU

Of je worst lust?

Worst, er zit van alles in! Meer dan je als eenvoudige toerist soms wilt weten. Maar wie laat zich daardoor nu afschrikken? Voor de echte worstliefhebber is Frankrijk een paradijs. Elke streek heeft zijn eigen specialiteit, op elke markt staat minstens één worstverkoper en je kunt het zo gek niet bedenken of er wordt wel worst van en mee gemaakt. Van varkens, koeien, ezels of wildzwijn. Met pens, lever of bloed. Gerookt, gedroogd of vers. Met rozemarijn, knoflook, noten, peper of truffel. Wat is er nu heerlijker dan op een warme dag met een goed glas wijn en een uitgebreid plateau aan worstjes een middagje in de schaduw van een plataan doorbrengen? En om niet voor rare verrassingen te komen staan nog even oefenen: gedroogde worst is "saucisson", verse worst is "saucisse", "chipolata" is geen toetje, "boudin" is bloedworst en "andouille" is zo smerig dat alleen Fransen het eten.

Waar je ook in Frankrijk komt, er is altijd wel worst te koop op de lokale markt of bij de slager. In de lokale restaurantjes wordt het dikwijls als voorgerecht ("charcuterie") geserveerd.

boucherie
Place des Ecritures
Salle du Patrimoine
8

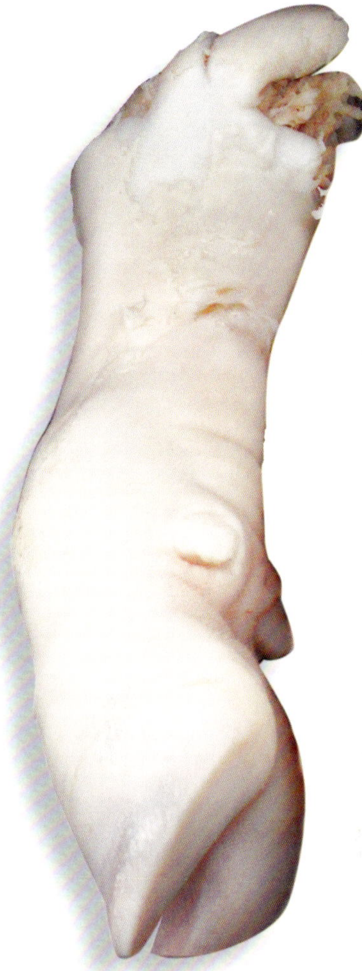

Mag het ietsje meer zijn?

En daar sta je dan, voor de toonbank van de lokale slager in je vakantiedorp. En je wilt gewoon een gehaktballetje. Maar tussen al die vreemde hompen vlees ligt dat er nu net niet tussen. Wat eten die Fransen in hemelsnaam voor vlees? Alles dus. Een koe of varken wordt opgegeten tot op het laatste draadje vlees. Natuurlijk worden er heerlijke biefstukken en hammen van gemaakt. Maar daarbij blijft het niet. Organen, kop, poten, ingewanden, alles wordt verwerkt. En dat is dan geen slachtafval voor de hond, beslist niet. Het zijn culinaire specialiteiten, waar echte lekkerbekken graag een eindje voor omrijden. "Vaut le détour", zoals ze het in de Michelin-gids zo mooi zeggen. "Tripes", "gésiers de poulet", "cervelle d'agneau" of "pied de cochon"? Graag! Zo'n heerlijk hapje pens, kippenmaag, lamshersenen of varkenspoten gaat er altijd wel in. Of misschien wat "rognons blancs de mouton"? Dat zou je wel willen, maar die schapenballen houdt de slager mooi zelf. Veel te lekker!

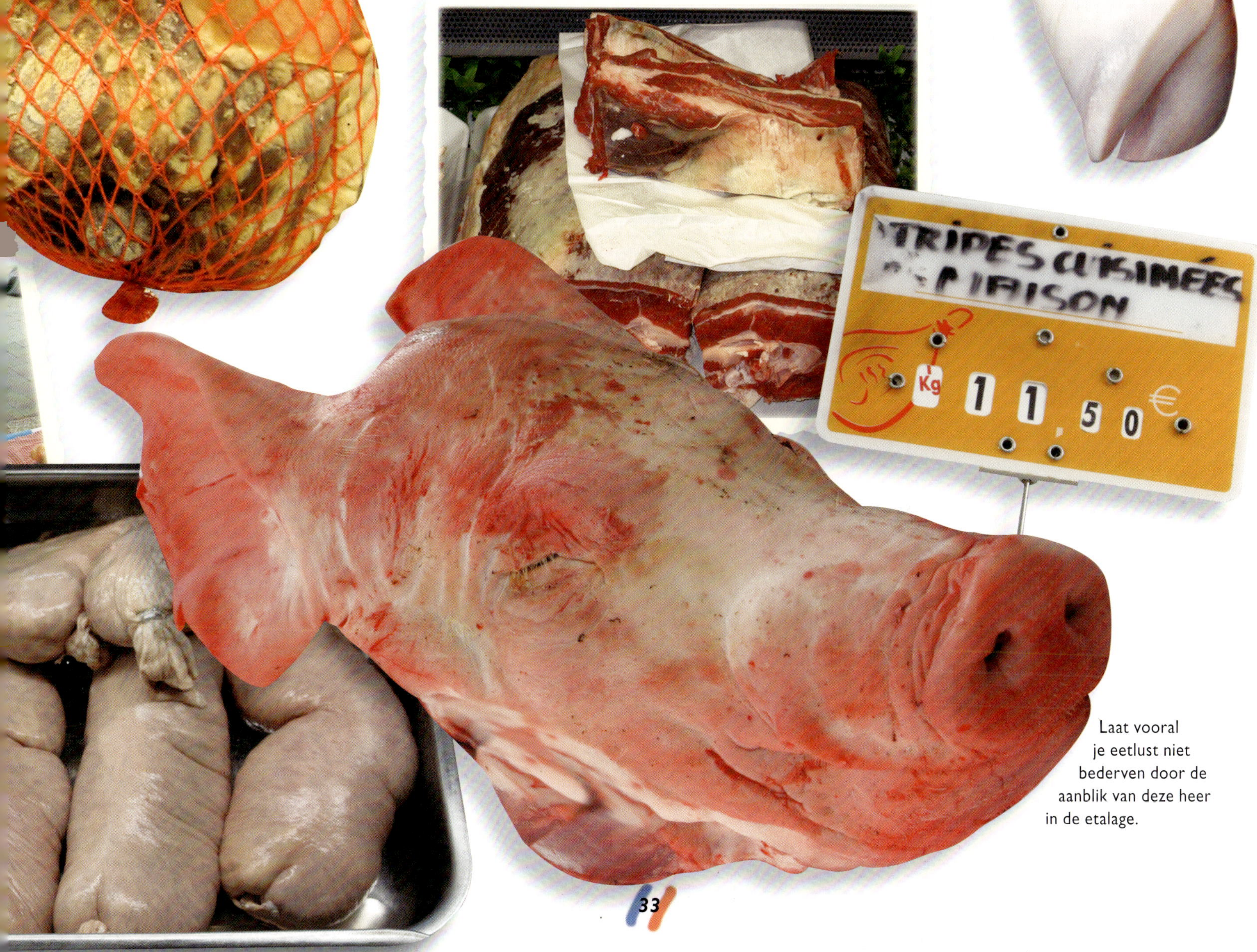

Laat vooral je eetlust niet bederven door de aanblik van deze heer in de etalage.

A.L.
LA MAISON DES AVEUGLES DUNKERQUE
SLOVAKIA

Lourdes

De bekendste katholieke bedevaartplaats in Frankrijk, misschien wel ter wereld, is ongetwijfeld Lourdes. In 1858 verscheen daar in een ondiepe grot de Maagd Maria wel achttien keer aan molenaarsdochter Bernadette Soubirous. Tijdens een van die verschijningen sloeg het 14-jarige meisje in opdracht van Maria een bron, waaruit tot op de dag van vandaag geneeskrachtig en wonderdadig water opborrelt. De katholieke kerk ging niet over één nacht ijs om deze verschijningen te erkennen. Bernadette werd vele malen ondervraagd, en maakte grote indruk op de kerkelijke onderzoekers door haar standvastigheid. Na vier jaar onderzoek was men eruit: de Moeder van God was werkelijk aan dit meisje verschenen. Inmiddels waren er ook al heel wat zieken genezen na het drinken van het water uit de grot, dat volgens scheikundigen die het onderzocht hadden beslist geen "natuurlijke genezingskracht" bezat. Het moest dus wel van God komen. Reden genoeg voor Lourdes om uit te groeien tot een bedevaartsoord dat nog steeds honderdduizenden pelgrims per jaar trekt. En de thuisblijvers? Die krijgen wat wonderwater in een flesje en een leuk snuisterijtje als souvenir. Want waar mensen zijn is handel. Bernadette zelf werd overigens in 1933 heilig verklaard.

Volgens Bernadette was de heilige Maagd gekleed in het wit, met een blauwe gordel en een gele roos op elke voet. Ook droeg zij een rozenkrans. Bernadette brandde een gewijde kaars bij de grot, een gebaar dat navolging vond bij de latere bedevaartgangers.

Op de markt is je gulden een daalder waard. Niet in Frankrijk. Daar kun je voor van alles terecht, van vensterbankbloemetje tot slaapkamerinterieur. Maar goedkoper is het niet. Je betaalt voor de service dat alles op die dag ter plekke te koop is.

Pondje levende kip, s'il vous plaît

"Quel que soit le jour, il y a toujours un marché près de chez vous". Welke dag het ook is, er is altijd een markt bij u in de buurt. Dat is de slogan van de Franse federatie van marktkooplieden, en die klopt. Fransen zijn gek op de markt. Ze staan er rustig een halfuur in de rij voor net dat ene kaasje, die bijzondere oesters of die uitzonderlijk lekkere schapenbout. En ze zijn niet de enigen. Menig buitenlandse toerist geniet in zijn vakantie van de zonnige sfeer van een lokaal Frans marktje, doet er zijn dagelijkse inkopen met de eergisteren aangeschafte o zo Franse strooien boodschappenmand, koopt er de souvenirtjes voor thuis en bekijkt het geheel vervolgens vanaf het terrasje van een van de cafés die het marktplein doorgaans omringen. Je kunt het ook zo gek niet bedenken of het is op de markt te koop. Van levende kippen tot aardewerk, van matrassen tot kwarteleitjes, van de meest exquise kaas tot auto's. En voor wie het wil, worden die pas aangeschafte duiven ter plekke onthoofd, zodat ze thuis meteen de paté in kunnen. En dat is voor ons toeristen dan toch vaak weer een beetje te veel van de dagelijkse realiteit. Maar ja, couleur locale hè...

Overbruggen!

In een land met zoveel reliëf en rivieren sta je nogal eens voor onoverbrugbare hindernissen. Onoverbrugbaar? Niet voor de Fransen. De Galliërs wisten al hoe je een bruggetje bouwde en de Romeinen draaiden hun hand niet om voor een aquaduct. Of het nu gaat om kleine of grote bruggen, Frankrijk staat vol met juweeltjes van bouwwerken om van de ene naar de andere kant te komen. Sommige zijn maar klein, precies groot genoeg om de beek over te steken met je kudde geiten. Andere zijn het toppunt van vernuft, zoals het negentiende-eeuwse Viaduc de Gabarit van Gustave Eiffel, die niet alleen nutteloze torens midden in Parijs heeft gebouwd, maar ook honderden spoorbruggen. Het bouwen van bruggen was zo belangrijk voor Frankrijk dat er in 1747 al een speciale opleiding voor werd opgericht, de Ecole Nationale des Ponts et Chaussées. Maar de beroemdste brug van Frankrijk blijft natuurlijk de Pont d'Avignon, die uit dat liedje. Hij staat er nog maar voor de helft, en dat dansen vond eigenlijk plaats onder de brug en niet erop, maar toch, romantischer kun je toch niet zijn over een brug!

Het hoogtepunt op bruggengebied is sinds 2004 het prachtige Viaduc de Millau over de rivier de Tarn, 343 meter hoog en ruim twee kilometer lang. Voor menigeen een doel op zich voor een bezoek aan Frankrijk.

JEAN-JACQUES JELOT-BLANC
Bourvil
De Funès
Leur grande vadrouille

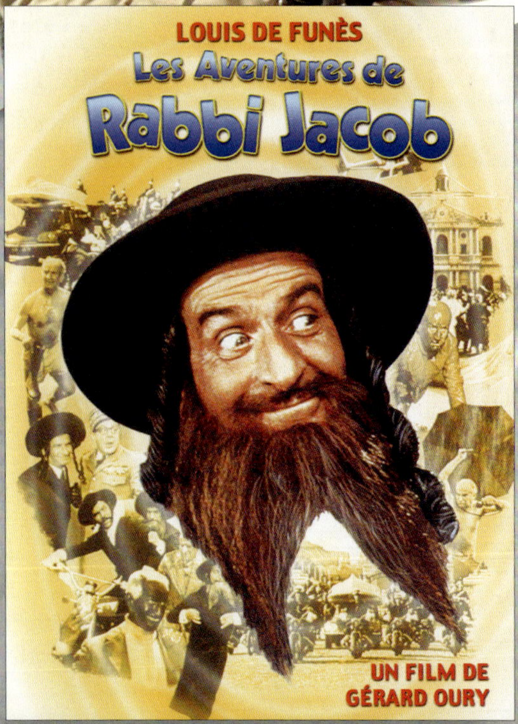
LOUIS DE FUNÈS
Les Aventures de
Rabbi Jacob
UN FILM DE
GÉRARD OURY

Funès tegen Bourvil, Jean Gabin en Michel Galabru

Ongetwijfeld de grootste komiek van Frankrijk is nog altijd acteur Louis de Funès. Zijn films worden nog steeds regelmatig op tv vertoond en trekken dan altijd weer heel veel kijkers. Het bekendste opgewonden standje van de Franse cinema was eigenlijk van Spaanse afkomst, vandaar dat je die 's' aan het einde van zijn naam gewoon mag uitspreken. Hij werd geboren nabij Parijs in 1914. Na zijn schoolopleiding verdiende hij jarenlang de kost als jazzpianist voordat hij in de jaren veertig voorzichtig begon aan een carrière als acteur, in het theater en wat later ook bij de film. De Funès verscheen in bescheiden rolletjes in tientallen films, voordat hij in 1956 bij het grote publiek bekend werd dankzij zijn rol in *La traversée de Paris* naast de acteerkanonnen Jean Gabin en Bourvil. Daarna volgden al snel vele hoofdrollen en in 1963 enorme internationale bekendheid met *Le Gendarme de Saint-Tropez* met Michel Galabru. Over deze niet al te snuggere politieman zouden nog vijf andere films volgen. De beste films van Louis de Funès zijn volgens vele liefhebbers echter de twee films die hij maakte met die andere grote Franse komiek, Bourvil. Eerst in 1964 *Le corniaud* en twee jaar later *La grande vadrouille*, de film die lange tijd de best bezochte film van Frankrijk bleef, met ruim zeventien miljoen bezoekers.

Met zijn ongekende gezichtsmimiek en komische talent gaf hij vorm aan heel wat hyperactieve, driftige, ongeduldige en heetgebakerde personages: hij speelde in meer dan 140 films! Louis de Funès stierf in 1983.

Scene uit *Le corniaud*, waarin malafide zakenman De Funès met zijn Rolls Royce het lelijke eendje van schlemiel Bourvil volledig aan stukken rijdt. "Elle va marcher beaucoup moins bien! Forcément!"

Links: Een scene uit de film *Le gentleman d' Epsom* met Jean Gabin uit 1962.

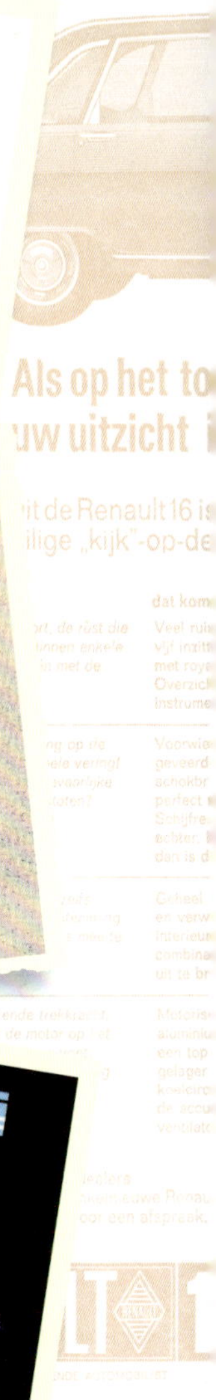

De Renault 4CV, vanaf 1947 het Franse antwoord op de Volkswagen Kever. Ook nadat de productie in 1961 was gestopt reden er nog heel wat rond in Frankrijk en deed hij het nog lange tijd goed als kippenhok op het platteland.

O Renault

518 '4L' Renault 3⅜" — 84 mm.

De Renault 4L zie je nog steeds veel rondrijden op de Franse campagne. Deze eerste Renault met voorwielaandrijving is ijzersterk, mits al die jaren goed bewaard in schuur of stal.

Had je het in de jaren '70 over Renault dan ging het gesprek al gauw als volgt: elegant hoor, die Franse vormgeving en een goede motor, dat wel, maar die auto's roesten onder je stoel weg! En er zit altijd wel ergens een rammeltje! Niet ernstig, maar wel heel irritant. Frustraties van lang geleden, waar we inmiddels met nostalgie aan terugdenken. Want roesten doen auto's van Renault al lang niet meer, in ieder geval niet meer dan andere auto's.

Mooi zijn ze nog wel; het merk heeft altijd van zich doen spreken met opvallende modellen. De Renault Dauphine bijvoorbeeld was in de jaren '50 en '60 ongekend populair. Binnen vier jaar na de in-productiename in 1956 waren er al een miljoen van gemaakt en reden ze overal ter wereld rond. Maar de auto was ook berucht vanwege zijn slechte prestaties: hij was langzaam, onbetrouwbaar en had eeuwig mechanische problemen. In 2007 werd hij door het weekblad *Time* dan ook ingedeeld bij de vijftig slechtste auto's aller tijden, waarbij werd opgemerkt dat je hem "kon horen roesten". Een ander model dat nog menig hart sneller doet slaan was de Renault 4L, in Frankrijk de Quatrelle genoemd (omdat je 4L nu eenmaal zo uitspreekt in het Frans). De kleine auto uit 1961 was zeer markant met zijn grote achterklep, geschikt voor stad en platteland, als boodschappenautootje of om desnoods een heel varken in te vervoeren. En wie herinnert zich niet die versnellingspook die zo recht uit het dashboard stak. Er bestond ook een bestelversie van de 4L, die jarenlang het ultieme bezorgautootje van Franse bakkers was. De echte kaskraker uit de jaren '60 was echter de Renault 16. Gezinsauto, zakenwagen, stationcar, hij was van alles wat, maar hij was vooral: anders. En dat sloeg aan, of het nu was vanwege het hoekige maar toch gestroomlijnde ontwerp of de technische snufjes. Wie hem nog kent uit zijn jeugd blijft er een zwak voor houden.

Renault was niet alleen actief in de personenauto's, het bedrijf maakte ook tractors, bestelauto's, vrachtauto's en liet zich niet onbetuigd in de racerij. Van verschillende modellen verschenen bovendien rally-uitvoeringen van de hand van ontwerper Gordini, in opvallend blauw met twee witte strepen in de lengte van de auto.

De "losange" (ruit) is het logo van Renault en verscheen voor het eerst op de auto's in 1925. Het is sindsdien een tiental malen gerestyled.

Le Parisien
libéré
GENDARMERIE
L'ÉQUIPE
ANQUETIL
HISTOIRE
D'UN
GEANT
LUTTES
ROUTES
AMOURS
RIVAUX
de photos
hommage
Jacques Goddet,
Cau,
Darrigade,
Raymond Poulidor.

Tour de France

In *Jour de fête,* van Jacques Tati blijft postbode François op zijn dienstfiets de wielrenners voor.

Het ultieme zomergevoel voor sommigen: in je luie vakantiestoel op je terras of voor de tent en luisteren naar radio Tour de France. Het ultieme zomergevoel voor anderen: met je camper op een bergweggetje langs een afgrond staan tussen tientallen anderen en zenuwachtig wachten tot het peloton voorbij komt zoeven. Nederlanders zijn niet de enigen die gek zijn op de Tour de France. De Fransen zelf kunnen er ook wat van! Toen de Tour in 1904 zijn tweede editie beleefde, vreesden de organisatoren al dat de wedstrijd aan zijn eigen populariteit ten onder zou gaan. De emoties liepen zo hoog op dat fans de gekste dingen uithaalden om de concurrentie dwars te zitten en deelnemers op alle mogelijke wijzen trachtten de boel te belazeren om sneller te zijn. Toch kwam er een derde Tour, hoewel iets anders van opzet. Zo werd er niet meer 's nachts gereden, om het de renners lastiger te maken stiekem de trein te nemen. In de loop van de tijd veranderden allerlei regels, er werd gereden met gesponsorde, regionale, nationale en toch maar weer gesponsorde teams. Er werd linksom, rechtsom en zigzag door Frankrijk gereden. Hulp bij materiaalpech was eerst verboden, later toch maar toegestaan. Etappes werden korter toen door de doping een dode viel in 1967, rustdagen werden ingelast en helmen verplicht. En langzamerhand, in de loop van ruim een eeuw, ontwikkelde de wedstrijd zich tot de etapperace met tot in de puntjes gemanagede ploegen zoals we hem tegenwoordig kennen. Maar vanaf de eerste Tour werden de renners gezien als helden. Fransen bleken van fietsen te houden. Belgen en Nederlanders ook. Dat was weleens vervelend voor Frankrijk, want die buitenlanders wilden ook winnen. Gelukkig waren er renners als Louison Bobet die driemaal op rij won en Jacques Anquetil die vijf keer won, waarvan vier op rij, voordat in de jaren '70 het tijdperk van Eddy Merckx aanbrak (vijf keer winst). Waarna Bernard Hinault en Laurent Fignon tot 1986 de Franse eer weer hooghielden, slechts in 1980 onderbroken door onze eigen Joop Zoetemelk. Maar sindsdien wacht Frankrijk nog altijd op een winnaar uit de eigen "Hexagone". De eerste die dat lukt, wordt de redder van een natie!

Wim van Est behaalde in 1951 een etappezege en veroverde zelfs als eerste Nederlander de gele trui! De volgende dag reed hij echter met trui en al in een ravijn en moest opgeven, al bleek later dat hij niets mankeerde. Het resulteerde in de legendarische reclamecampagne van de sponsor horlogefabrikant: "Zeventig meter viel ik diep, mijn hart stond stil, maar mijn Pontiac liep..." De concurrent nam dit idee snel over.

Nationale trots: Jan Janssen won als eerste Nederlander de Tour in 1968, in een bloedstollende tijdrit op de laatste Tourdag. Deze foto is overigens niet van die overwinning, maar na een serieuze valpartij.

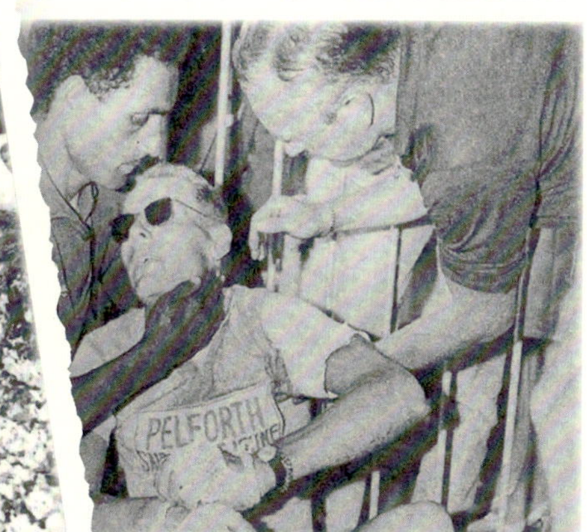

63,6 km
à 5'56"

MERCIER
BP
MERCIER

radar
LES TROUPES FRANÇAISES ÉVACUENT REMADA
LE RUDE MÉTIER DES GUIDES DE MONTAGNE
Ch. GAUL
PARAIT LE VENDREDI
TOUTES LES PHOTO

LE TOUR PASSE : LA FRANCE EST SUR LE SEUIL DE SES MAISONS

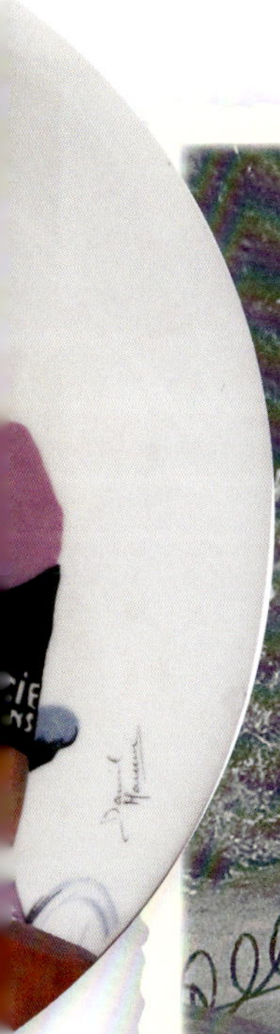

Er wordt niet alleen veel geschreven over wielrennen, de renners worden ook vereeuwigd op porselein om aan de muur te hangen (Poulidor) of belanden in de spelletjeskast, zoals Eddy Merckx. Kwam de Tour voorbij, dan werden in de jaren van vóór de tv zieken en bejaarden naar buiten gerold om alles te kunnen zien.
Net als Joop Zoetemelk werd ook de zeer populaire Franse renner Raymond Poulidor "de eeuwige tweede" genoemd, omdat hij zo vaak net achter zijn grote concurrent Anquetil eindigde. Hij greep driemaal mis in de Tour. Joop Zoetemelk werd zes keer tweede, maar wist ook eenmaal te winnen.

EXPO PEINTURE
WC PUBLIC
PETANQUE
SALLE DES FETES
WC PUBLIC
WC PUBLIC

De pot op!

In elk dorp een "wc public", ook dat is "égalité" (gelijkheid).

"La petite cabane au fond du jardin", oftewel het pleehokje achter in de tuin. Voor heel wat Fransen op het platteland tot diep in de twintigste eeuw een heel gewone zaak. Wie moest, moest naar buiten, in een hokje, boven een gat in de grond. Met de komst van Europese regels moest zelfs de grootste conservatief aan de septic tank en toen werd het gemak ook maar inpandig gebouwd. Als je dan toch bezig bent... Je ziet ze nog wel overal, die kleine hokjes, inmiddels in gebruik als schuurtje of konijnenhok of gewoon in verval.

Maar dan die andere Franse uitvinding, het hurktoilet! De schrik van menig toerist, maar zeer populair bij de Fransen. Je vindt ze overal: in cafés, op de camping of langs de snelweg. Ze zouden schoner zijn, want je hoeft niet op een vieze bril te gaan zitten, maar zie maar eens gehurkt op je zomerslippers de boel niet onder te spetteren. Gelukkig zijn de Fransen ook de uitvinders van een bijzonder efficiënt straattoilethokje. Na ieder bezoek wordt het van onder tot boven schoongespoeld en ook nog gedroogd. Het was een lange weg van het bos naar de moderne hygiëne!

De jacht ontkomen

De jagers hebben zelfs een eigen politieke partij opgericht: "Chasse Pêche Nature Traditions", een partij die graag van leer trekt tegen alles wat "groen" of "écologique" is. Want de echte natuurbeschermers zijn zijzelf, bien sûr.

De oude Galliërs wisten het al: er gaat niets boven een zelfverschalkt everzwijn. En nog altijd is de jacht een belangrijk onderdeel van het Franse plattelandsleven. Hert, eend, haas, snip of zwijn, op van alles wordt naarstig geschoten. Het jachtseizoen loopt grofweg van september tot februari, wat enigszins kan verschillen per diersoort. In die periode kun je in de weekends overal in Frankrijk groepen in het groen geklede mannen door bos en wei zien lopen met een geweer onder de arm. Omdat er nog weleens een collega-jager werd aangezien voor loslopend wild, met alle consequenties van dien, is het inmiddels verplicht om over alle camouflagekleding heen een oranje fluorescerend vest te dragen. Toevallig passerende wandelaars moeten gewoon zelf uitkijken. Zoals zoveel in Frankrijk is ook de jacht geheel gereglementeerd. Er in je eentje op uit gaan met het jachtgeweer van opa is er niet meer bij. Examens, vergunningen, lidmaatschap van een vereniging, het hoort er allemaal bij, voordat je je eerste schot in de vrije natuur mag lossen.

ZIG ZAG
HOLBORN & LEVER
BOURGOGNE
TRADITION
Grands Vins
du Roussillon
et d'ailleurs
le cellier des arcades
Xavier
à 20 mètres →

Flesje wijn erbij

Van ondrinkbare pinard tot bekroonde grand cru, het wordt in Frankrijk allemaal gemaakt, gebotteld en ook weer opgedronken. Het land is en blijft de grootste wijnproducent ter wereld, maar niet de grootste exporteur. De Fransen genieten graag zelf van hun mooie product. Maar niet meteen, want de meeste wijn wordt met de jaren beter. Verpakken dus. Flessen zijn er in alle soorten en maten, iedere wijnsoort heeft zijn eigen model. Recht voor bordeaux, wat ronder voor bourgognes, slank voor Loire- en Elzaswijn, robuust voor champagne en andere bubbelwijn. Een fles bevatte niet altijd de tegenwoordige standaard 75 cl. Vroeger had iedere wijn zijn eigen flesje, bijvoorbeeld de "pot" van 46 cl, voor wijn van rond Lyon of de "clavelin" van 62 cl voor Jurawijn. Grotere flessen bestaan nog steeds, zoals de "magnum" (1,5 liter), de "mathusalem" of "impérial" (3 liter), of de grootste, de "nabuchodnozor" (15 liter). Waarom ze deze Bijbelse namen hebben gekregen weet niemand meer, maar mooi klinkt het wel.

Een flesje wijn, het lijkt tijdloos, maar zelfs hier doet de moderne tijd zijn intrede: steeds meer wijn wordt verpakt in plastic vaatjes, kartonnen dozen (bag-in-box), PET-flessen of zelfs in blik. Dan doe je ook niet meer zoveel met een kurkentrekker.

Kurkentrekkers doen hun intrede in de achttiende eeuw. Voor die tijd werden flessen wijn niet met een rechte kurk, maar op andere wijze afgesloten, zodat een kurkentrekker niet nodig was. In de negentiende eeuw raakten ontwerpers van kurkentrekkers goed op dreef en verscheen het ene model na het andere. En dat gebeurt eigenlijk nog steeds. Foto boven: Huguette Tichler.

ses CHATEAUX, ses VIGNOBLES
de Croisière
Ecole
aisance
24-10-89
D 32
FLEURIE 2
LANCIÉ 2
VILLIÉ-MORGON 5
CHIROUBLES 7
5.1
à gauche Vignoble du
MOULIN A VENT

Lekker wijntje...

Daar waar de betere wijnen aan allerlei eisen moeten voldoen om geklasseerd te worden, is het enige criterium waaraan een “vin de table” hoeft te voldoen dat hij geschikt is voor menselijke consumptie. Geen antivries erin dus, om maar iets te noemen. Komen de druiven waarvan hij gemaakt is enkel uit Frankrijk, dan mag er “de France” achter gezet worden. De term “vin de pays” betekent al net zo weinig, maar het wordt al wat preciezer als erbij staat uit wélke landstreek dit wijntje komt. Komt een wijn uit een van de bekende wijngebieden in Frankrijk, dan luistert het allemaal een stuk nauwer. De Appellation d’Origine Contrôlée (AOC) geeft aan dat een wijn uit een specifieke streek komt, en kan nog worden verfijnd tot een kleiner gebied of een gemeente. De termen “cru”, “premier cru” en “grand cru” zijn verdere kwaliteitsaanduidingen, die per wijngebied net weer anders worden gebruikt. Dan heb je ook nog de vermelding van het “château” (Bordeaux) of bijvoorbeeld juist van de ligging van de wijngaard (Beaujolais). En ten slotte het jaar, waaraan je kunt zien of je met een “millésime” te maken hebt; een uitmuntend jaar. En ook dat verschilt natuurlijk weer per streek. Nee, eenvoudig is het allemaal niet. En misbruik wordt door de controlerende instanties hard gestraft. Maar dat neemt niet weg dat het wijnboeren en -bottelaars vrij staat vrolijke anderssoortige namen te geven aan hun wijn, met bijbehorend etiket. Want het oog wil ook wat!

“Als het maar lekker is”, dachten vele wijnboeren en pasten zelfs de etiketten aan om dat te benadrukken.

Brigitte Bardot, Bardot
die had ze niet zo, maar zo...

Nog altijd onbetwist de mooiste en vooral meest sexy vrouw van Frankrijk, Brigitte Bardot, kortweg BB. Vijfenzeventig jaar werd ze, in 2009, en er werden in Parijs en de rest van Frankrijk speciale tentoonstellingen aan haar gewijd. De vrouw die in 1973 op 39-jarige leeftijd stopte met acteren en zich daarna voornamelijk wijdde aan dierenbescherming, is beslist nog niet vergeten.

Brigitte Bardot deed een dansopleiding toen ze op haar vijftiende werd gevraagd als fotomodel, en met die eerste fotosessie voor het blad *Elle* begon haar succes. Nog geen meisje, nog geen vrouw, maar een en al levenslust. Dit bleef niet onopgemerkt en al gauw verscheen BB in kleine rolletjes in films, niet alleen in Frankrijk, maar ook al in Italië, de VS en Engeland. In 1952 was ze voor het eerst te zien op het witte doek, maar haar immense doorbraak kwam in 1956 met de door Roger Vadim geregisseerde film *Et Dieu... créa la femme*. De erotiek spatte van het doek en met name in de preutse Verenigde Staten wist men niet wat men zag. Brigitte Bardot was ontdekt door de wereld. Het publiek, vooral het mannelijke deel, vrát haar films, of ze nu slecht waren of goed. Daar kwamen ze helemaal niet voor. Maar het waren niet alléén haar borsten, BB hield van leven en dat straalde ze uit. Ze was ondernemend, nergens bang voor, hield niet van conventies en mores, wel van sex en zei wat ze dacht. En dat sprak ook vrouwen aan. Linkse intellectuelen en feministes als Simone de Beauvoir schreven lovend over haar, maar door anderen werd ze verguisd, omdat ze de keurige Franse bourgeoisie zou ondermijnen. Hoe het ook zij, ze werd het officiële model voor Marianne, Frankrijks nationale symbool, en zo stond haar borstbeeld jarenlang in bijna ieder gemeentehuis van het land. Niet slecht voor een middelmatige actrice! Aan haar hebben we het BB-ruitje te danken en de monokini, en volgens toenmalig president Charles de Gaulle was BB voor de Franse export even belangrijk als Renault.

Brigitte Bardot, een natuur(lijk) talent dat zijn weerga niet kende. Er was geen man die niét op haar viel. Haar muziek werd op met foto's bedrukte singletjes uitgebracht en in één pakje verkocht met een paar nylons, met naad natuurlijk.

Roger Vadim

die had haar zo!

De man die van Brigitte Bardot een wereldster maakte was Roger Vadim. Zij was zestien, hij 22, ze begonnen een woeste relatie, haar ouders moesten hem niet, zij dreigde met zelfmoord en haar ouders gaven toe: ze mochten trouwen als zij achttien was. Dat gebeurde in 1952 en in 1957 scheidden ze alweer. Maar in de tussentijd was BB door Vadim gelanceerd. Zelf verwierf hij overigens ook faam als acteur, regisseur, journalist en schrijver. En bovenal veroveraar van mooie vrouwen. Want BB werd opgevolgd door opkomende sterren als Catherine Deneuve en Jane Fonda, met wie hij de film *Barbarella* maakte, en heel wat andere dames. Vadim trad vijf keer in het huwelijk, en overleed als getrouwd man in 2000.

Je zult er maar mee getrouwd zijn! Tot grote jaloezie van menig bewonderaar was het Roger Vadim gelukt. Na hem zouden er nog drie andere echtgenoten en vele romances volgen.

Wie zou dáár nou wonen?

Maak een wandeling in een willekeurig stadje in Frankrijk, en je kijkt je ogen uit naar alle mooie oude deuren die er nog zijn. Of het nu is uit desinteresse van de eigenaar of juist uit liefde voor oud vakwerk, er hangen nog heel wat, soms eeuwenoude, kunstwerkjes in roestige scharnieren. Soms wordt je een kijkje gegund naar wat er achter die deuren is: een prachtige tuin of binnenplaats bijvoorbeeld, of een gang vol brievenbussen en trossen elektriciteitskabels.

Er is heel wat moois verloren gegaan toen in naam van de moderne tijd oude deuren, luiken, vloeren, raamkozijnen en hang- en sluitwerk werden vervangen door splinternieuwe fabriekswaar. Maar gelukkig zagen anderen op tijd de schoonheid van "oud en gebruikt" en is er veel gered uit de open haard.

Prachtige oude deuren sieren menig huis. Maar let ook eens op de kloppers en bellen. Zelfs de originele brievenbussen trekken de aandacht.

Wie kust Fanny?

Wat is er nu Franser dan een mediterraan pleintje in de schaduw van platanen, waar een partijtje jeu de boules wordt gespeeld? Er is geen dorp in Frankrijk waar geen jeu-de-boulesbaan is; een simpel baantje in een parkje of een officieel “boulodrôme”, waar vriendschappelijke partijtjes worden gespeeld of kampioenschappen worden uitgevochten. De bakkers tegen de slagers, of de ene stad tegen de andere. Het spel wordt in Frankrijk al beoefend sinds de middeleeuwen en was zo populair dat het in de loop van de geschiedenis meermalen is verboden door de machthebbers, om de bevolking tot nuttiger bezigheden te krijgen. Overigens mochten andere machthebbers, zoals Lodewijk de Veertiende, juist weer graag zelf een balletje werpen.

Bega trouwens nooit de fout jeu de boules klakkeloos “pétanque” te noemen! Pétanque is slechts een twintigste-eeuwse variant van een van de vele vormen van jeu de boules die er door heel Frankrijk gespeeld werden en worden.

Ballen bestaan er in verschillende stijlen en grootten, al naar gelang de variant van het jeu de boules dat gespeeld wordt.

Wie verliest zonder ook maar één punt te scoren moet Fanny kussen, die daartoe bereidwillig haar billen toont. Al is het dan meestal in de vorm van een beeldje, schilderij of scorebord. Voorwerpen en foto's uit de collectie van Henk Reesink, Culemborg.

JOUR de FÊTE
LE PLUS COMIQUE
DES FILMS COMIQUES
FÊTE DU TIMBRE
Panoramic Film présente
Jour de fête
le film en couleur
inédit de
JACQUES TATI
LA POSTE
Toutes destinations
DU LUNDI
AU SAMEDI
9H
NE PAS DEPOSER DE JOURNAUX
DANS CETTE BOITE

Jour de Fête

Een ode aan de postbode door Jacques Tati

De mooiste ode aan de postbode ooit gemaakt, is de film *Jour de Fête* uit 1949 van Jacques Tati. In onnavolgbare slapstick schetst hij een prachtig beeld van het platteland van "la France profonde" (het diepe, provinciale Frankrijk) van weleer met een hoofdrol voor de lokale postbode François.

De rol van de postbode in Frankrijk was beslist belangrijk: hij deed dagelijks zijn ronde op de fiets en bezorgde brieven, pakjes en telegrammen, maar was ook degene die pensioenen kwam uitbetalen in klinkende munt toen bankrekeningen nog geen algemeen goed waren. Hij leegde de brievenbussen en stempelde niet alleen de brieven, maar ook het boekje in de brievenbus als bewijs dat hij geweest was. Nog steeds kun je op het platteland je brieven meegeven aan de postbode en kun je een postzegel bij hem kopen, mits je gepast betaalt. Lukt dat niet, dan betaal je toch gewoon de volgende dag! De postbode was ook degene die precies op de hoogte was van wat er gebeurde, hij sprak met iedereen en had zijn vaste adressen voor een glaasje hier en een hapje daar. Zo kon een ronde natuurlijk wel lang duren, maar wat gaf dat? Tijd was nu net hetgeen waar niemand gebrek aan had!

Postzegels werden vroeger op de voorzijde van de kaart geplakt. Op rommelmarkten zijn deze oude kaarten nog vaak te vinden.

Sinds 1962 zijn de Franse brievenbussen geel, daarvoor waren ze blauw.

Sinds 1930 dragen de auto's van Peugeot de bekende nummers, waarbij het eerste cijfer de "familie" van de auto aangeeft en het laatste de "generatie". Tellen maar: 504, 403, 203, 404. Bestelwagens kregen overigens geen nummer, maar een naam.

Peugeot
van alle markten thuis

Radio's, fietsen, motoren, brommers, naaimachines, strijkijzers, peper- en koffiemolens! Wat heeft het familiebedrijf Peugeot eigenlijk niet gemaakt? Al behoren de pepermolens tot de beste ter wereld, we kennen Peugeot toch vooral van de auto's. In 1896 werd de eerste autofabriek gebouwd en al in 1925 waren er 100.000 van de band gerold. Enkele tientallen modellen en miljoenen geproduceerde auto's later nam het merk met de beroemde leeuw in 1976 concurrent Citroën over en ontstond de PSA Peugeot-Citroën. De leeuw, die al sinds 1847 het beeldmerk van Peugeot-producten was, is in de loop van zijn bestaan heel wat keren van uiterlijk veranderd en verscheen in verschillende gedaanten op de verschillende producten.

Johnny Hallyday

"The biggest rockstar you've never heard of", zo wordt in Engelstalige landen Frankrijks grootste rocker aller tijden genoemd. Onbegrijpelijk voor een Franse fan. Want al dateert zijn eerste singletje uit 1960, iedere Franse puber weet ook vandaag de dag wie Johnny Hallyday is, kent zijn grootste hits en weet voor welk brillenmerk hij reclame maakt op tv. Hij is "une star".

Hoewel zijn vader een Belg was (Johnny's echte naam is Jean-Philippe Smet), behoort Johnny al meer dan een halve eeuw tot het Franse cultuurgoed. Op zijn vijftiende speelde hij zijn eerste rolletje in een film, op 17-jarige leeftijd kreeg hij zijn kans in een radioshow, mocht hij een plaatje opnemen en dat was het begin van een lange carrière. Dat Elvis Presley zijn grote voorbeeld was, is ook tegenwoordig nog te merken aan zijn muziek en uiterlijke stijl. Johnny's optredens worden gekenmerkt door een tomeloze inzet, ruig rockgeluid, stoere outfits en vooral heel veel zweetdruppels. De Fransen dragen hun held op handen. Zijn fans zijn beslist niet alleen idolate vrouwen op leeftijd, maar ook heel wat zichzelf respecterende mannen (Nicolas Sarkozy!) en jongeren, en evenals Elvis heeft hij vele imitators, zowel man als vrouw.

Vanaf dat eerste 45-toerenplaatje was Johnny Hallyday een fenomeen. Zalen werden afgebroken als hij er kwam met zijn band en zijn populariteit kende geen grenzen binnen de Franstalige wereld. Hij stond in alle zalen en stadions van het land, hij trad op aan de voet van de Eiffeltoren voor 800.000 toeschouwers en tien miljoen televisiekijkers en speelde zelfs op een vliegdekschip en in een Zwitserse gevange-

Catherine Deneuve met Johnny Hallyday in de film *Les Parisiennes*, 1961.

nis (in een Franse gevangenis mocht dat niet). Zelfs in Nederland had hij in de jaren zestig een paar hitjes!

Natuurlijk is ook zijn liefdesleven al die tijd onderwerp van grote belangstelling. Toen hij in 1965 trouwde met Sylvie Vartan, een van Frankrijks populairste zangeressen van dat moment, kon zijn reputatie niet meer stuk. Ze vormden het glamourpaar van de eeuw, hij 22 jaar oud, zij negentien. In de jaren zeventig namen ze zelfs een aantal platen samen op. Ook kregen ze een zoon, maar in 1980 scheidden ze. Enige huwelijken, langdurige relaties en kinderen later trouwde hij in 1996 met een 32 jaar jonger fotomodel, een huwelijk dat inmiddels al veertien jaar standhoudt.

Als een echte rocker overleefde Johnny Hallyday verslavingen, auto-ongelukken, een zelfmoordpoging, belastingschandalen en een mislukte operatie. Hij reed de rally Paris-Dakar en doorkruiste Death Valley per motorfiets. In 1981 werd al eens in de pers gemeld dat hij was overleden, wat ondanks ontkenning door hemzelf, een week later werd herhaald. Maar met ruim 1.100 chansons, 43 albums en 28 films op zijn naam is Monsieur Hallyday nog lang niet van het toneel verdwenen.

Sylvie en Johnny hadden later inderdaad een (relatie)probleem, maar nog niet ten tijde van dit plaatje uit 1973 dat een grote hit voor ze werd.

Charles de Gaulle is de eerste president van de Vijfde Republiek. Gedurende tien jaar geeft hij op eigenzinnige maar effectieve wijze leiding aan het land. Hij verleent Algerije onafhankelijkheid, maakt van Frankrijk een kernmacht, trekt het Franse leger terug uit de NAVO en ijvert voor Europese samenwerking.

Opvolger Georges Pompidou ontleent zijn grootste bekendheid aan het cultureel centrum in hartje Parijs, dat na zijn dood naar hem is vernoemd. Hij overleed in functie in 1974.

Valéry Giscard d'Estaing (1974-1981) is zeer geliefd in het stadje Estaing, alwaar hij na zijn presidentschap het lokale kasteel heeft gekocht en gerestaureerd.

(Onder) Socialist François Mitterrand was president van 1981 tot 1995. Hij kende het politieke spel als geen ander en is de uitvinder van de "cohabitation": linkse president met rechtse regering of andersom.

De vijfde republiek

Charles de Gaulle, Georges Pompidou, Valéry Giscard d'Estaing, François Mitterrand, Jacques Chirac, Nicolas Sarkozy.

Voor Fransen is het gesneden koek, maar voor buitenstaanders klinkt het curieus: Frankrijk is momenteel bezig aan de Vijfde Republiek. De vijfde? Hadden ze niet in 1792 de koning eruit geknikkerd en was het toen niet een republiek? Ja, de Republiek werd uitgeroepen, maar die was geen lang leven beschoren. Het rommelde nog lang na in Frankrijk, het land veranderde in de negentiende eeuw regelmatig van staatsvorm (keizerrijk, koninkrijk, republiek), en daarmee ook van grondwet. In 1848 werd met een nieuwe grondwet de Tweede Republiek uitgeroepen, die drie jaar later alweer ten val kwam. Pas in 1870 werd het land, met weer een nieuwe grondwet, opnieuw een republiek, de derde inmiddels. In 1946 maakte Frankrijk weer een nieuwe start, na Duitse bezetting, Vichy-regime en chaos, en werd met wederom een nieuwe grondwet de Vierde Republiek uitgeroepen. Deze functioneerde niet best, Frankrijk versleet 24 kabinetten in zestien jaar, kwam aan de rand van een burgerooorlog en in 1958 werd Generaal De Gaulle, Frankrijks held uit de Tweede Wereldoorlog, verzocht zich met 's lands bestuur bezig te houden. Hij ontwierp een nieuwe grondwet, werd tot president gekozen en voilà, de Vijfde Republiek was geboren. Frankrijk is inmiddels toe aan de zesde president binnen de Vijfde Republiek.

Jacques Chirac (1995-2007), listig politicus, vaak bewonderd maar ook dankbaar object van spot. Geplaagd door schandalen uit de tijd dat hij nog burgemeester van Parijs was en waarvoor hij na zijn presidentschap alsnog wordt vervolgd.

Ambitieuze Nicolas Sarkozy, bijgenaamd Président Bling-Bling, zet in 2007 zijn tanden in Frankrijk. Het blijkt nog een hele kluif. En of het nu is vanwege zijn privéleven of zijn soms wat drieste plannen, hij weet in ieder geval de internationale aandacht op Frankrijk te vestigen.

Sommige middeleeuwse kerken deden ook dienst als fort, de "églises fortifiées". Bij gevaar kwam iedereen naar de kerk, die meer bescherming bood en die gezamenlijk verdedigd werd tegen de vijand.

(Als) God in Frankrijk

God had het maar goed in Frankrijk. "Kom tot mij" was makkelijk gezegd: huizen genoeg, van indrukwekkende kathedralen tot bescheiden dorpskerkjes. Maar ook in Frankrijk heeft de kerk last van leegloop. Parochies worden kleiner, priesters zijn een soort rondreizende vertegenwoordigers van God geworden en doen meerdere kerken aan per zondag, en het onderhoud van al die kerkgebouwen wordt een probleem. Temeer daar de meeste sinds 1905 met de wet over de scheiding van staat en kerk staatseigendom zijn geworden en door lokale overheden onderhouden moeten worden. En dat is duur. Is je kerkgebouw een "monument historique", dan valt er nog wel wat los te peuteren hier of daar en brengen de kerkgangers zelf wat bij elkaar, dan is er ook nog wel wat te regelen. Maar voor veel kerkgebouwen dreigt verwaarlozing en dan sloop. Jammer, want die klokkentorens hóren gewoon bij het landschap!

De karakteristieke bordjes met de tijden van de mis, die bij elk dorp langs de weg stonden, verdwijnen in rap tempo. Als er vandaag de dag één dienst per week is mag je blij zijn.

Ste GERMAINE
BIENHEUREUX.
JEAN GABRIEL PERBOYRE.

Heiligen overal en in elke vorm!

In tijden van armoe en onzekerheid is het fijn te weten dat er iemand op je let en een goed woordje voor je doet bij de grote baas. Dat dachten al die gelovige Franse onderdanen ook door de eeuwen heen. En dus had ieder individu, iedere groep, iedere plaats wel zijn beschermheilige, een "saint patron". Valkeniers hebben Saint Bavon, slagers uit Limoges hebben Saint Aurélien, Parijs heeft Sainte Geneviève én Saint Denis, reizigers hebben Saint Christophe, Bretagne heeft Sainte Anne, handschoenenmakers hebben Sainte Marie-Madeleine en Frankrijk wordt als land beschermd door een heel legertje aan heiligen: de maagd Maria en Jeanne d'Arc natuurlijk, maar bijvoorbeeld ook Saint Michel. Die van dat Parijse plein, jawel. Om er maar een paar te noemen. Bovendien heeft iedere heilige zijn eigen dag. Lange tijd was in Frankrijk die naamdag een belangrijker feest dan je verjaardag en nog steeds staan naamdagen vermeld op de kalenders en wordt na het weerbericht op televisie verteld welke naam de de volgende dag wordt gevierd.

En al is Frankrijk een lekenstaat, waarin kerk en staat streng gescheiden zijn, het laat zich zijn vrije dagen niet afnemen. Dus hebben we bijvoorbeeld vrij op 1 november (Allerheiligen) en 15 augustus (Maria Hemelvaart). En zijn het vooral alle overheidsdiensten die op die dagen gesloten zijn!

Elke wat belangrijker kerk heeft relieken die zorgvuldig bewaard en vereerd worden: bijvoorbeeld een bot van een heilige of een stukje van een gewaad, of zelfs maar een voorwerp dat in aanraking is geweest met andere relieken.

Ze zijn overal

Kruisen vind je nog overal in Frankrijk. Voor een land waarin woedende menigten zich in revolutionaire tijden hebben gestort op alles wat godsdienst vertegenwoordigde, zijn het er nog opvallend veel. Voor de onthaastende toerist van nu zijn ze soms een baken van rust en meditatie. Kom je op je wandeling ineens midden in het bos een eeuwenoud kruis tegen. Wat heeft dat stukje steen al aan zich voorbij zien trekken, in de loop van al die tijd?

Over het algemeen waren de kruisen bedoeld om de bevolking te herinneren aan het belang van het geloof. Maar soms hadden ze ook een andere rol. Er zijn kruisen die op kruispunten van wegen staan om de grens van een kerkelijke gemeente aan te geven. Ze stonden er om reizigers de weg te wijzen en te beschermen. Soms werden ze door rijke families geplaatst om te getuigen van hun devotie. Soms werden ze neergezet op plaatsen waarvan men dacht dat de duivel of andere kwade geesten zich er ophielden, zoals bergtoppen of donkere bossen. En in de eeuw na de revolutie kwamen er veel missiekruisen, op plaatsen waar de katholieke kerk weer terugkwam nadat ze eerder was verjaagd.

Een simpel crucifixje voor thuis kom je regelmatig tegen op brocante of rommelmarkt, maar ernstiger is het dat eeuwenoude kruisen langs de weg worden geroofd om illegaal tegen veel geld verkocht te worden. Zelfs voor niet-gelovigen is dat heiligschennis.

Op doorreis door Frankrijk kom je op de kleinere wegen op nog veel kruispunten een kruis tegen. Dijkwijls ligt of staat er een bosje bloemen bij of zijn ze net in een opvallende frisse kleur geschilderd.

Kerkhoven lijken soms op bloemenkassen. Niet alleen door de vele glazen dakjes en huisjes, maar ook door de enorme hoeveelheid (plastic) bloemen die je er aantreft.

Het houdt nooit op...

Je rijdt rond door de Franse "campagne", komt in de buurt van een lief dorpje, ziet ineens een serie glazen dakjes boven een muur uitsteken en denkt: hé, hebben ze hier ook kassen? Nee dus, je zit naar het kerkhof te kijken. Want Fransen worden na hun dood natuurlijk ook begraven, maar dat gebeurt veelal niet zomaar in de grond, maar in een heuse tombe. Een betonnen keldertje met meerdere plaatsen, want de hele familie moet erin passen, te zijner tijd. En erbovenop bouwde men vaak een kapelletje, waarin religieuze objecten, maar ook gedenkbordjes en bloemen een veilig onderdak vinden. Dat kapelletje is soms van steen, maar vaak ook van glas. Rond Allerheiligen en Allerzielen (1 en 2 november) staan de Franse kerkhoven vol met chrysanten. Wie dat te vergankelijk vindt, legt plastic of prachtige porseleinen bloemen neer. Grafmonumenten in Frankrijk zijn vaak ware kunstwerkjes, waardoor een bezoek aan een begraafplaats beslist de moeite waard is. Er zijn natuurlijk heel beroemde, zoals Père-Lachaise in Parijs of Cimetière de Louyat in Limoges, maar ook de kleine, oude dorpskerkhofjes stellen meestal niet teleur.

Iedere week een bloemetje neerleggen gaat meestal niet, dus laten Fransen met een stenen of emaille gedenkbordje blijken dat ze hun overledenen niet vergeten.

Bij een volksfeest hoort volksmuziek. Al eeuwenlang zijn draailier en doedelzak niet weg te denken bij feesten en partijen. Foto boven en hiernaast, Piet Botermans.

Heel af en toe doet ook het buitenland een duit in het feestzakje.

Altijd wel ergens een feest...

Een feestje laten de Fransen zich niet ontnemen. Er zijn altijd wel redenen om de muziekinstrumenten tevoorschijn te halen, de flessen open te trekken en een varken of schaap aan het spit te rijgen voor een feestmaaltijd, de "repas festif". Bijna ieder dorp heeft in de zomer wel zijn eigen dorpsfeest, compleet met rommelmarkt, "ball trap" (kleiduiven schieten), kermis en optocht van het een of ander. In de ene plaats zijn het oude tractoren of dorsmachines, elders worden reuzenpoppen, draken of monsters door de straten gereden en weer ergens anders wordt een bloemencorso gehouden, waarbij wegens bloemengebrek de praalwagens zijn versierd met tienduizenden propjes crêpepapier. En de lokale fanfare zorgt natuurlijk voor wat muzikale omlijsting.

Ook zijn er de religieuze feesten zoals processies, waarbij in oude kostuums door de straten wordt gedefileerd en relieken uit de kerken rond worden gedragen. En carnaval, ook wel Mardi Gras genoemd, al wordt dat op verschillende wijzen en zelfs op verschillende dagen gevierd, al naar gelang de regio.

Natuurlijk zijn er ook nog de nationale feestdagen: 14 juli, maar ook 8 mei, het "fête de la Victoire", waarop de geallieerde overwinning uit de Tweede Wereldoorlog wordt herdacht met een ceremonie bij het graf van de onbekende soldaat, onder de Arc de Triomphe in Parijs. En 11 november, "Armistice", wanneer het einde van de Eerste Wereldoorlog wordt herdacht. De oorlog die in Frankrijk nog altijd "la Grande Guerre" wordt genoemd, vanwege het enorme aantal slachtoffers. Vrolijker is het "fête de la Musique" op 21 juni, de kortste nacht van het jaar, die in allerlei steden wordt gevierd met livemuziek op straat, de hele nacht door. En wat doen Fransen op de Dag van de Arbeid, het "fête du Travail"? Dan hebben ze vrij en doen ze lekker helemaal niets!

Jong en oud loopt mee in de processies. Foto onder en midden, Piet Botermans.

BOURGAN
Fête du 14 Ju
Manèges place d
8H Réveil avec la fa
11H Jardin de la t
Accueil de m
suivi d'un ap
18H>22H30 Place de la
CONCERT
avec le groupe
ROCK AN
H30>21H30 Place de la
Les Diable
23H Cadre du
GRAN
FEU D
Musical
23H30 BAL P
Eric Ce

BALL TRAP
Ball Trap

Quatorze juillet

14 juli, le Quatorze Juillet, de nationale feestdag van Frankrijk. De dag dat de Fransen herdenken dat op 14 juli 1789 in Parijs de revolutie begon met de bestorming van de Bastille, de gevangenis. Volgens puristen wordt eigenlijk herdacht dat op die dag in 1790 een Feest van de Federatie werd gevierd, een verzoeningsfeest ter herdenking van die bestorming. Hoe het ook zij, de Fransen maken er een mooie dag van op 14 juli. Het hele land wordt gehuld in blauw-wit-rode vlaggetjes en rozetten. In Parijs neemt de president op de Champs Elysées een groot defilé af van strijdkrachten en hulpdiensten, om 's lands staat van paraatheid te tonen. In kleinere steden wordt ook gedefileerd, maar daar zijn het meer lokale brandweer en gendarmerie die paraderen voor de burgemeester, en zorgen majorettes en fanfare voor het feestelijke aspect. Er wordt kermis gehouden, rommelmarkt, er zijn spelletjes voor de jeugd en mastklimmen voor de ouderen, met als prijs bungelend bovenin een ham, worsten of een mand met eten. Natuurlijk ontbreekt ook een feestelijke maaltijd niet, met friet en boudin (bloedworst). En het hoogtepunt komt 's avonds met een lampionoptocht en het grote vuurwerk. Waarna de nacht nog lang duurt met dans en "musette" (accordeonmuziek) op het traditionele "Bal du 14 Juillet".

De heldhaftige daden van de revolutionairen in 1789 worden meer dan twee eeuwen later gevierd met "andouille" en friet.

Het muzikale talent is niet altijd even groot, de presentatie misschien niet altijd helemaal je smaak, maar ach, wat geeft het. Als de mensen maar plezier hebben.

Geen feestje zonder accordeonmuziek

Bij iedere jaarmarkt, feestdag of kermis hoort muziek! Wat voor muziek? Accordeonmuziek!
Hoewel niet een specifiek Frans instrument, wordt de accordeon door iedereen wel onmiddellijk met Frankrijk geassocieerd. Geen wonder, er was geen Franse film waarin het vrolijke gepingel niet voorkwam, bekende Franse chansonniers lieten zich begeleiden op de accordeon (of deden dat zelf), Edith Piaf zong op haar onnavolgbare wijze een levenslied dat "L' accordéoniste" heette; het leek lange tijd of alle muziek die in Frankrijk gemaakt werd accordeonmuziek was. En het moet gezegd: de accordeon is waarschijnlijk nog steeds het populairste muziekinstrument van Frankrijk.
Zelfs in tijden van de disco wordt het traditionele "bal op het dorpsplein" vrijwel altijd begeleid door een accordeon, met of zonder orkest. Er worden accordeonfestivals van hoge kwaliteit georganiseerd, een cafébaas die zijn terras wat wil opvrolijken huurt een accordeonist in, op de markt staat altijd minstens één kraam geheel gevuld met accordeon-cd's en je kunt geen feest geven of er komt wel iemand met zijn "piano à bretelles" de boel opvrolijken, gevraagd of ongevraagd.
Heerlijk toch!

Sommige handelaars blijven geheel in stijl en vervoeren hun spulletjes zelfs in een antieke auto.

Brocante

Sommige Nederlanders gaan er bijna van kwijlen en ook voor veel Fransen is het een zeer geliefd tijdverdrijf: de brocante, de rommelmarkt, de "vide-grenier" of de "marché aux puces". Hoe je het ook noemt, het komt op hetzelfde neer: het snuffelen tussen oude troep naar net dat ene objectje waar je, zonder dat je het wist, al die tijd al naar op zoek was. Frankrijk is een schatkamer waar het oude spulletjes betreft. Er is zo ontzettend veel bewaard gebleven in al die huizen en kastelen op het platteland, die soms tientallen jaren onbewoond waren maar nooit leeggehaald, of in winkels die door de laatste eigenaar op slot zijn gedraaid met de hele inventaris er nog in. Het bestaat nog wel degelijk, dat romantische Frankrijk uit de jaren vijftig, alleen ligt het tegenwoordig gewoon te koop op de markt. Van tijdschrift tot wijnpers, van pillendoos tot stationsklok, je kunt het allemaal vinden. Voor een prijs, dat wel, want de handelaren weten dat hun waar geliefd is en herkennen een toerist van kilometers afstand. Maar afdingen kan altijd, zelfs in steenkolenfrans.

De inwendige mens wordt niet vergeten. De pannenkoekenstand is nooit ver weg!

CIRQUE
ZAVATTA
PETIT FILS

Circus

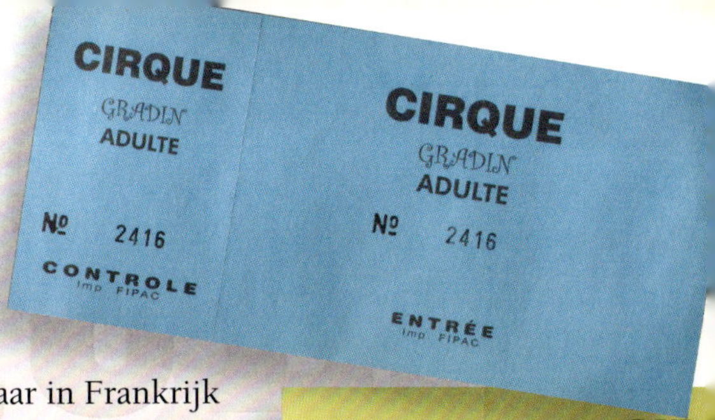

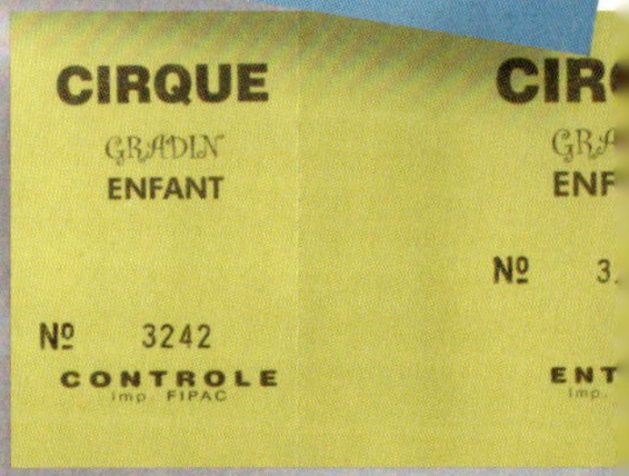

Het kleine rondreizende circus is bij ons vrijwel uitgestorven, maar in Frankrijk bestaat het nog volop. Elke zomer trekken er honderden kleine circusgezelschappen door het land om op dorpspleintjes en parkeerplaatsen hun "chapiteau" (tent) op te zetten en hun voorstelling te geven. Familiebedrijfjes vaak, en van zeer wisselende kwaliteit. Van ongeïnteresseerde geldkloppers tot zeer getalenteerde artiesten, van zielige dierennummers tot verrassend knappe acrobatiek en werkelijk grappige clowns.

Frankrijk is al eeuwenlang gek op het circus. Er zijn jaarlijks grote festivals waarop de crème de la crème uit de circuswereld zijn kunsten komt laten zien. Al meer dan tien jaar is er op televisie elke week een zeer populaire uitzending waarin de fraaiste circusacts te bewonderen zijn. Er bestonden en bestaan allerlei beroemde circussen van bekende families zoals Bouglione, Grüss of Zavatta. Namen die overigens ijverig worden "geleend" door de kleintjes die meeliften op de (vergane) glorie van de groten, soms inspelend op een verre, al dan niet bestaande, familieband. Wat maakt het uit, ook tegenwoordig heeft het circus, hoe klein ook, voor kinderen een magische aantrekkingskracht. Zittend op een houten bankje (de "gradins") of op de eerste rang op een klapstoeltje je ogen uitkijken naar alle glitter en kleur, en trillen van opwinding als de muziek de tent indondert en het "spectacle" begint. En dan hoop je maar dat de dieren in de "ménagerie" die bijna elk circus als een extra publiciteitsstunt met zich meesleept, goed worden behandeld. Want dierenwelzijn staat in Frankrijk nog niet zo hoog op de agenda. Er is nog veel te doen voor Brigitte Bardot en haar medestanders.

De hele familie doet mee. Bij het opbouwen en afbreken, maar ook als artiest. Zoonlief als clown of slangenbezweerder, dochtertjelief om de kaartjes te scheuren, moeder die zeer sexy haar duivennummer opvoert en pa die in de touwen hangt.

simca
wenst U een mobiel 1962 met
DEZE VERLAAGDE PRIJZEN:
Etoile Nu onder de 6000.-. Belangrijk voor U, H.H. fleetowners!
Plein Ciel
Castel
Ariane
aronde
Etoile . . f 6295.- 5995.-
Elysée . . f 6845.- 6495.-
Montlhéry 6995.-
Monaco . f 7845.- 7745.-
Plein Ciel f 9995.- 9895.-
Océane . f 10.845.- 10745.-
Intendante 5445.-
Messagère 5995.-
Castel . . f 7645.- 7545.-
Châtelaine 6995.-
ariane
Ariane Standaard f 7645.- 7495.-
Ariane Super de Luxe f 7845.- 7745.-
Ariane Super Comfort f 7895.- 7895.-
* Alle prijzen zijn inclusief verwarming.
simca
het antwoord van Simca op alle autowensen van de moderne europese (zaken)man, zijn vrouw en ... hun gezin.
simca nederland n.v.
simca
CALTEX
SIMCA
789 FZ 87
ARONDE
660 CG 87

Simca

Nu eens een Frans automerk dat het niét gehaald heeft. Werd Simca opgericht in 1934 en nam het eerst zelf nog andere merken zoals Talbot over, in 1970 ging het op in autoconcern Chrysler. Toen dat in 1978 in zwaar weer geraakte, werd het Franse gedeelte voor een symbolische dollar verkocht aan PSA Peugeot-Citroën. Maar in de jaren '80 viel het doek voor het merk Simca.

Toch heeft Simca van zich doen spreken met beroemde modellen. Zo was er de Aronde (wat in oud-Frans "zwaluw" betekent, het logo van Simca) die te koop was van 1951 tot 1964. Dankzij dit model was Simca eind jaren '50 de op een na grootste autoproducent van Frankrijk. En wie herinnert zich niet dat typische vierkante model van de Simca 1000, afgeleid van de Fiat 850 (evenals de Renault R8 van enige pagina's geleden trouwens) en in de sportieve uitvoering een geducht scheurijzer! Het was bovendien lange tijd Frankrijks populairste lesauto, later opgevolgd door de Renault 5. Ook markant van uiterlijk: de 1100 met de "geknakte" achterklep.

De letters GFA boven het logo van de zwaluw staan voor "Générale Française Automobile" en verwijzen naar het tijdelijke samengaan na de Tweede Wereldoorlog van verschillende autofabrieken, om de Franse auto-industrie te redden.

In 1958 deed Simca van zich spreken met deze futuristische conceptauto, de Fulgur, klaar voor de nieuwe tijd van radar en atoomaandrijving. Het was een ontwerp van Robert Opron, die niet alleen voor Simca heeft ontworpen maar ook voor Citroën en Renault.

Brood hoort erbij: om de saus mee van je bord te deppen of bij de kaas. En als het echt heel oud is kan het altijd nog in de soep. Minder eng dan schapenogen, die in vroeger tijden het lekkerste waren dat je in de soep vond.

Ook in de Franse film speelt eten vaak een belangrijke rol. Hier Alain Delon aan de maaltijd in *Plein Soleil* uit 1960.

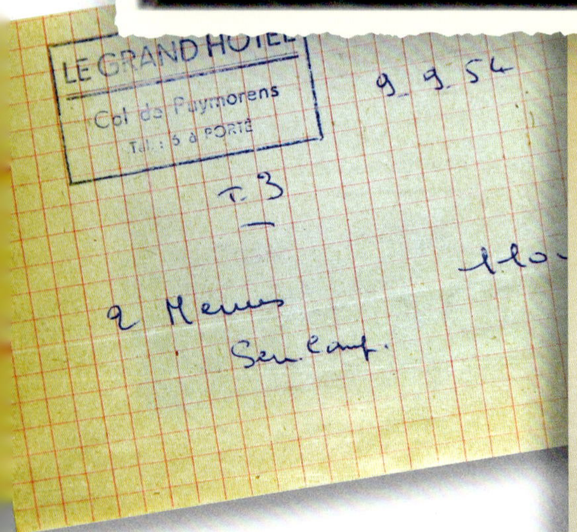
LE GRAND HOTEL
Col de Puymorens
Tél.: 5 à PORTE

9. 9. 54

T 3

1.10

2 Menus
Ser. comp.

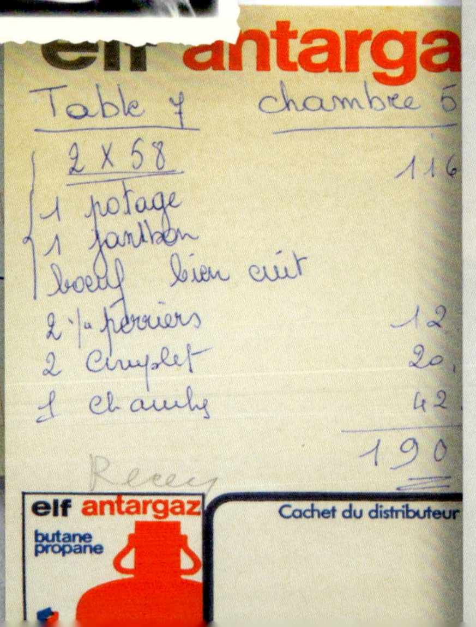
elf antargaz

Table 7 chambre 5

2 X 58 116
1 potage
1 jambon
boeuf bien cuit
2 ½ perriers 12
2 Cruzplet 20,
1 Chaume 42
190

Reçu

elf antargaz
butane
propane
Cachet du distributeur

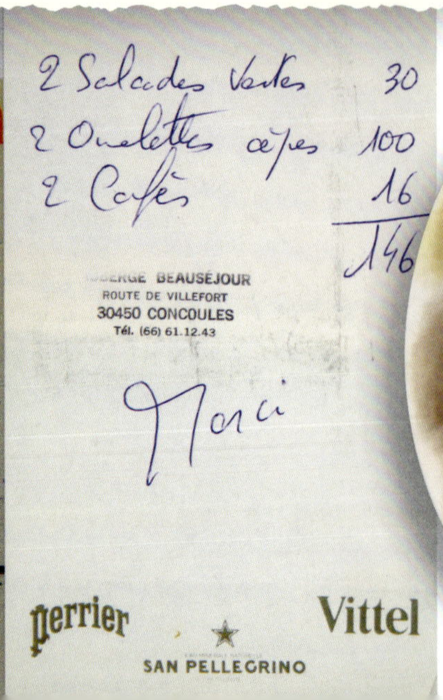
2 Salades Vertes 30
2 Omelettes cèpes 100
2 Cafés 16
146

AUBERGE BEAUSÉJOUR
ROUTE DE VILLEFORT
30450 CONCOULES
Tél. (66) 61.12.43

Merci

Perrier
SAN PELLEGRINO
Vittel

Menu du jour, messieurs-dames?

Déjeuner, het belangrijkste moment van de dag

Frankrijk is het land van de haute cuisine, Michelin-sterren en dure restaurants, dat is bekend. Maar ook de minder veeleisende en kapitaalkrachtige Fransman mag graag buiten de deur eten. Over het algemeen eten Fransen twee keer per dag warm, maar vooral op de campagne is het "déjeuner" tussen de middag de belangrijkste maaltijd. En waar eet je dat beter dan in het lokale restaurantje om de hoek. Nou ja, je moet er soms een eind voor rijden, maar voor lekker eten heeft men dat wel over. A la carte of het "menu du jour", soms nog wel het "menu ouvrier" (arbeidersmenu) genoemd, omdat al die over het platteland verspreide werklui natuurlijk niet in een bedrijfskantine terechtkunnen. Dat geldt trouwens ook voor menig kantoorwerker. En een maaltijd mag dan eenvoudig zijn, hij bestaat toch altijd minimaal uit drie gangen. Met natuurlijk een "pichet" (karafje) wijn erbij. Als voorafje eet men vaak wat salade of "charcuterie" (vleeswaar), dan volgt een goed stuk vlees of vis en daarna een lekker zoet dessert. Of kaas natuurlijk. Want kaas eet je na de maaltijd om de mond te reinigen, niet als broodbeleg! Vergis je trouwens ook niet in het hoofdgerecht: in Frankrijk zijn frites, rijst of macaroni ook groente en wie gezond wil doen kan altijd nog kiezen voor een blik opgewarmde haricots verts. Wat allemaal niet wegneemt dat ook de onooglijkste restaurantjes je soms versteld kunnen doen staan van de uitstekende kookkunst en creativiteit van de chef.

Is het het juiste seizoen en heeft de patron of patronne er zin in, dan vind je zomaar ineens "cèpes" (eekhoorntjesbrood) in je omelet.

Zorg wel dat je op tijd binnen bent, want lunchen gebeurt tussen twaalf en twee en wie later binnenkomt zal niets meer te eten vinden.

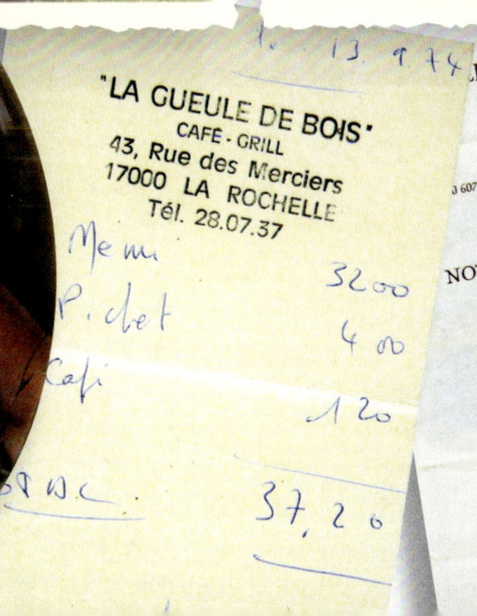

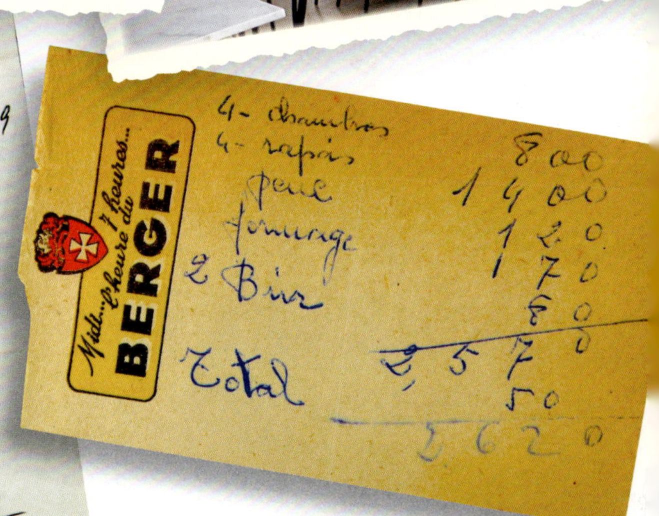

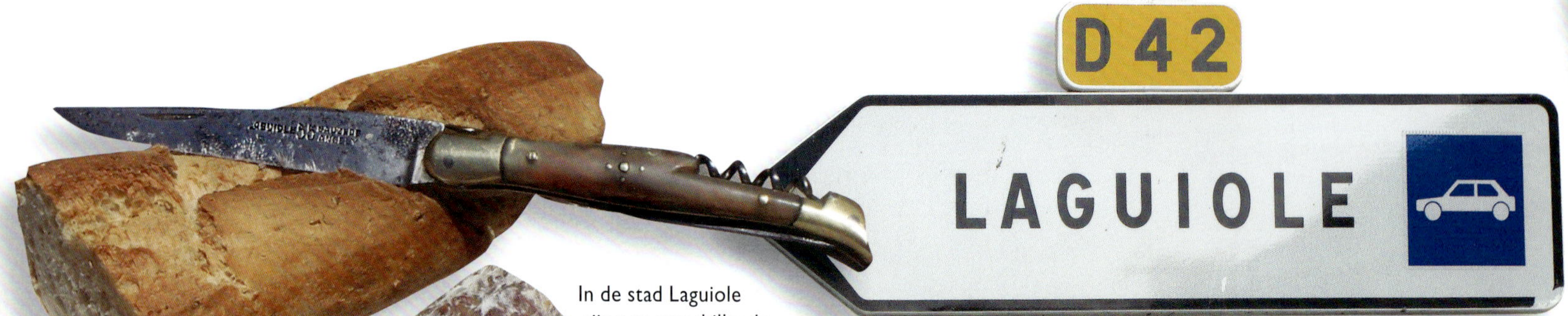

In de stad Laguiole zijn nog verschillende ateliers waar de originele (en beste) Laguiole-messen worden gemaakt. De bij of vlieg op het handvat is een karakteristiek van dit mes. De vermelding "made in China" niet!

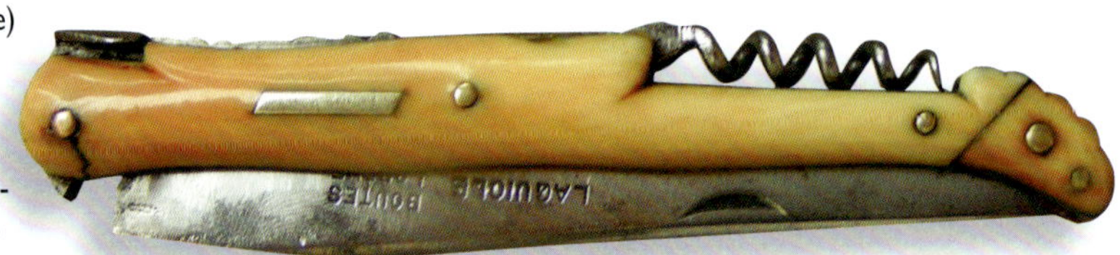

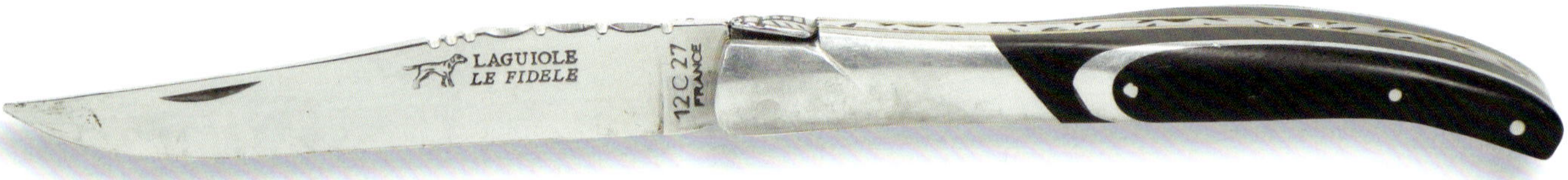

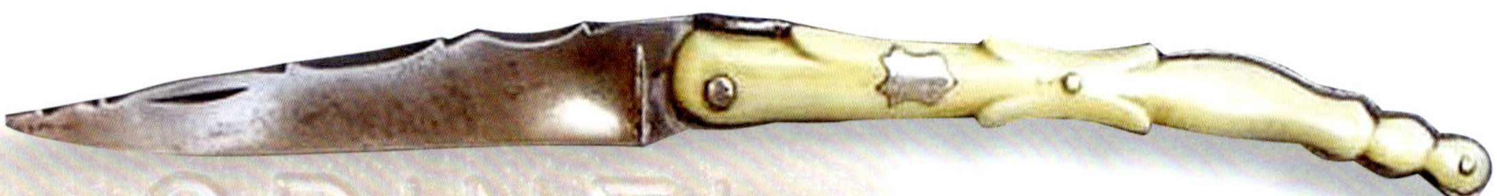

Opinel is het meest verkochte zakmes in Frankrijk. Altijd scherp door zijn hoge koolstofgehalte en in allerlei maten en vormen te koop.

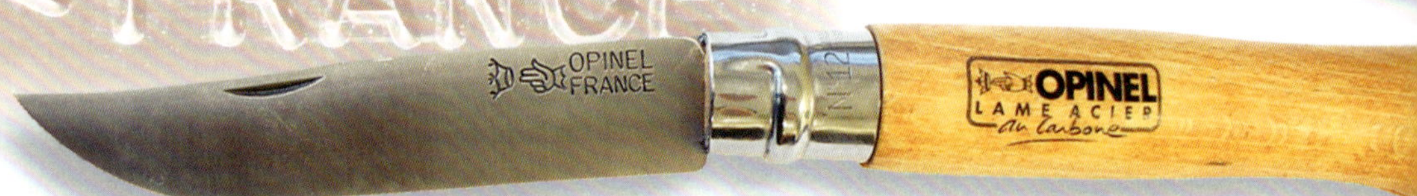

Rechts: Het Nontron-zakmes was het eerste zakmes in Frankrijk dat ingeklapt kon worden. Onder een voorloper daarvan.

Een beetje Fransman heeft een zakmes

Onmisbaar voor veel Fransen, man én vrouw: hun zakmes. Handig klein op te vouwen en weg te steken in broekzak of tas. Bijvoorbeeld voor wie buiten op stap is en de "casse-croûte" soldaat wil maken; worst, kaas en stokbrood worden met het zakmes aan stukken gesneden. Maar ook tijdens het middageten om een goed lapje vlees weg te werken. Het is niet ongebruikelijk in een restaurant een Fransman zijn eigen mes te zien trekken om de steak bij zijn frites te lijf te gaan. En 's avonds bij de soep om de intussen taai geworden baguette klein te krijgen. En dan zijn er nog van die zaken als het doorsnijden van touwtjes om strobalen, het snijden van stokken voor in de moestuin, het markeren van bomen, het aandraaien van schroeven of het onderhouden van de eigen nagels.

De stad Thiers in de Auvergne, waar men al sinds de 15e eeuw messen in alle soorten en maten fabriceert, wordt gezien als de hoofdstad van de messenmakerij. Maar ook uit andere delen van Frankrijk komen beroemde messen. De bekende Opinel-zakmessen worden al meer dan een eeuw gemaakt in de Savoie, in de Franse Alpen. Het bekende klapmesje met veiligheidsring is al meermalen opgenomen in lijstjes van de best ontworpen gebruiksvoorwerpen ooit. De beroemde Laguiole-messen uit het gelijknamige stadje in het Zuid-Franse departement Aveyron zijn prachtig en scherp. De oorspronkelijke makers zijn ooit vergeten hun merk te patenteren en sindsdien wordt het mes in alle uithoeken van Frankrijk en de wereld nagemaakt.

De antieke Capuchadou, een voorloper van de Laguiole die je niet kon inklappen, werd door boeren ook gebruikt om de opgezwollen pens van zieke koeien lek te prikken en ze zo te redden van de dood. En daarna aan de casse-croûte. Jij nog een stukje worst?

Thiers is trots op zijn messenmakers. Dat laten ze aan de snelweg al zien.

CARROUSEL
BON POUR 1
Ce ticket n'est pas remboursable
mais toujours valable
CARROUSEL
J. SABY
Pétanque

Overal staat wel een draaimolen

Een rondje in de "carrousel". Je hoeft er als Frans kind niet voor te wachten tot de kermis is neergestreken in de buurt. Op vele pleinen en in vele parken in Frankrijk staan prachtige oude draaimolens die regelmatig hun rondjes draaien. Ouderwets vermaak dat het nog altijd goed doet. Er zijn weinig kinderen die niet houden van die mooie houten circuspaardjes, rijtuigjes, olifanten of brandweerauto's, de lampjes en goudverf en de kermissfeer van toen.

In vroeger eeuwen was een carrousel een paardenballet op muziek met meerdere paarden en ruiters die ingewikkelde figuren reden. Lodewijk de Veertiende hield ervan en Parijs heeft er de Place du Carrousel aan overgehouden, vlak bij het Louvre en het Tuilerieën-park, waar nu weer draaimolens en het reuzenrad staan.

En maak niet die klassieke fout: Als een Fransman het heeft over "faire un tour de manège" wil hij niet gaan paardrijden, maar heeft hij het gewoon over een rondje in de draaimolen of andere kermisattractie!

Opvallend en vooral populair bij kinderen zijn de Franse carrousels met een eerste verdieping.
En waarom draaien al die molens toch linksom, in tegenstelling tot die in Engeland?

Katachtige Alain Delon

De grote hartenbreker van talloze vrouwelijke fans, deze "beau gosse" (mooie jongen) uit de Franse filmwereld. Het was maar gelukkig dat hij na het behalen van zijn slagersdiploma toch een ander vak koos en in 1957 zijn debuut maakte op 22-jarige leeftijd. Zijn mooie smoelwerk én zijn acteertalent werden meteen opgemerkt. In 1960 beleefde hij zijn grote doorbraak met de film *Plein Soleil* en was hij in één klap een wereldster. Vele films volgden, waaronder klassiekers zoals *Il Gattopardo* en *Le Samouraï*. Was hij in de jaren zestig in films vaak de frisse jongeman, in de jaren zeventig was hij bekender als koele gangster of broeierige "flic" (politieman) in misdaadfilms. Beide soorten rollen gingen hem uitstekend af. Menig meisjeskamer werd in die jaren opgesierd met Delon, als stuk-zonder-shirt of met vilthoed en sigaret.

En natuurlijk verkeerde deze man graag in gezelschap van mooie dames. Relaties met Romy Schneider, Mireille Darc, Rosalie van Breemen, het werd allemaal graag en breed uitgemeten in de pers. Ook in de muziek scoorde Delon een hit met het duet "Paroles... Paroles", met de in Frankrijk zo geliefde zangeres Dalida. En dat zijn "belle gueule" (mooie smoel) het ook tegenwoordig nog goed doet, blijkt wel uit het feit dat zelfs in 2010 een duur parfummerk reclame maakt met een foto van Alain... uit 1966.

Met actrice Romy Schneider, de lieveling van Frankrijk, al was ze eigenlijk Duits, beleefde Alain Delon zijn grote romantische liefde tussen 1958 en 1963.

Met Brigitte Bardot mocht Delon sensueel doen in de film *Les amours célèbres* uit 1961.

Jean-Paul Belmondo, de stuntman-acteur

En dan is er die andere ster uit dezelfde periode: Jean-Paul Belmondo, bijgenaamd Bébel en "le Magnifique". Met die gebroken neus, opgelopen tijdens een vechtpartij op school. Op de toneelschool konden zijn leraren zijn stijl niet zo waarderen en met zo'n gezicht zou het ook al niks worden, maar het publiek mocht hem des te meer. Eerst in het theater en later in de film. Zijn eerste grote succes kwam met *A bout de souffle* van Jean-Luc Godard in 1960. Het was ook het begin van de zogenaamde "Nouvelle Vague" in de Franse film, een nieuwe stroming die zich afzette tegen Hollywoodachtige producties. Maar Belmondo beperkte zich niet tot deze stijl, integendeel, hij werd bij uitstek de publiekstrekker in de betere gooi- en smijtfilms, die bovendien al zijn stunts zelf uitvoerde. Aardige schurk, gangster, spion of detective, Bébel trok met zijn scheve grijns volle zalen. Belmondo en Delon speelden enige malen samen in een film, zoals in de kaskraker *Borsalino* (1969), waarin ze elkaar op charmante wijze een café door slaan. Belmondo was bovendien model voor Luitenant Blueberry in de bekende gelijknamige strip.

Middenonder: Toen hij in *La Sirène du Mississippi* geen held maar meer een loser speelde, tegenover Catherine Deneuve, moest het publiek daar niet veel van weten. De film flopte. Daarentegen was *L'homme de Rio* (links) weer een grandioos succes.

Onder: Met Jean Seberg in *A bout de souffle*.

Met acteerlegende Simone Signoret, een van Frankrijks beste actrices, speelde Delon in *La veuve Couderc* (1971) en *Les granges brûlées* (1973).

Iedereen bereikbaar dankzij telefooncellen, overal. Omdat die te vaak werden gesloopt vanwege de muntjes, werd halverwege de jaren tachtig de telefoonkaart geïntroduceerd.

TÉLÉMATIQUE

UN MINITEL: À QUOI ÇA SERT?

De enige grote crash van het systeem, in 1985, kwam doordat de Fransen iets te massaal de "messageries roses" bezochten, de sexpagina's. Het probleem was snel verholpen, maar Minitel hield er een pikant imago aan over.

Gadget ou véritable révolution? Une chose est sûre, on aura bientôt tous besoin d'un Minitel chez soi. Pour prendre le train, aller au cinéma et, pourquoi pas, rencontrer l'homme ou la femme de sa vie.

«Votre Minitel est arrivé, venez le chercher!» Par ce courrier, les PTT vous proposent de faire entrer la télématique dans votre salon, et vous offrent gratuitement l'usage (pas la propriété) d'un petit terminal informatique: le Minite

Vous n'êtes pas le seul à l'on ait fait cette alléchante. Près tel sont déjà le seront à la les cinq ou 24 million phone s l'altern

Mais le termina servira pas qu'à cela. Vous pourrez l'utiliser pour interroger plus d'une centaine de services de

réservation et d'information: ceux de la programmes de sp ban- ques

télématique était réservée aux professionnels: elle exigeait des matériels informatiques coûteux

et des lignes de télé tion spécialisées, et plus apprendre un lan rique pour pouvoir, à terminal, dialoguer av teur distant.

Le Minitel vous év cultés, car il appart nouvelle génération d tique: celle qui est b déotex», dont toutes ont été pensées pou des applications gran déotex franç tél»).

86 Ça m'intéresse

Allôôô, j'écoute!

Frankrijk is qua oppervlakte zo'n zeventien keer groter dan Nederland. In dat land wonen ongeveer viermaal zoveel mensen als in Nederland. En als je wilt dat zo'n land een eenheid vormt, moeten al die mensen wel met elkaar kunnen communiceren. Dus werd er in Frankrijk telefoon aangelegd. Maar dat duurde een tijdje: pas eind jaren zeventig was heel het land automatisch bereikbaar. Toen zetten ze er ook vaart achter en werd een totaal nieuwe toepassing voor de telefoon bedacht: Minitel. In 1983 werd deze voorloper van internet geïntroduceerd. Een schermpje en een knullig toetsenbordje, verbonden aan de telefoon. Het was een groot succes: je kon er bijvoorbeeld mee in het elektronische telefoonboek, betalen, een bioscoop- of treinkaartje kopen, databases doorzoeken of chatten. De kosten zag je terug op de telefoonrekening of creditkaart. Nu doodgewoon, toen revolutionair en heel erg Frans. En dan te bedenken dat het idee vooral was bedoeld om te besparen op de kosten van papieren telefoonboeken!

De eerste Minitel had een ABCDEF-toetsenbordje. Dat bleek echt niet handig en al snel ging men over op het in Frankrijk gebruikelijke AZERTY-toetsenbord.

Soms zijn de vissers boos en blokkeren ze de haven. Staking! Een vast onderdeel van de Franse samenleving. Het is op het nieuws en het is vaak vervelend, maar het hoort erbij en gaat wel weer over... Foto boven, Piet Botermans.

Elke dag verse vis, overal in Frankrijk

Frankrijk heeft heel veel kust, die grenst aan drie verschillende zeeën: het Kanaal, de Atlantische Oceaan en de Middellandse Zee. In al dat water wordt gevist, want Fransen houden van vis. Het staat in de regel toch wel één keer per week op het menu, al kan dat verschillen per streek. Ook schelp- en schaaldieren worden veel gegeten en dus ook veel gekweekt langs de Franse kusten. De traditie wil dat Fransen met Kerstmis oesters eten. December is dan ook een topmaand voor de oesterindustrie. In kustplaatsen is er natuurlijk iedere dag vismarkt, maar ook diep in het binnenland ontbreekt de viskraam niet op de markt en elke wat grotere supermarkt heeft een afdeling met verse vis. Het mooi presenteren van de waar, op ijs, is door veel kooplui tot een ware kunst verheven. De Fransen weten wel weg met al die soorten en maten, met kop en al of gefileerd, met tentakels, dikke schubben of rare sprieten. Recepten genoeg. Maar als toerist sta je er soms een beetje onbeholpen bij. Wat moet je met al die onbekende vis? Nou ja, doet u maar wat garnalen...

Al die mooie havenplaatsjes zijn tegenwoordig vaak belangrijker voor het toerisme en de pleziervaart dan voor de visserij. In de zomer overvol, in de winter bijna leeg.

Fruits
de Mer
-835-SHS-

Heerlijk, zo'n plateau met "fruits de mer", schelp- en schaaldieren. Op mooie dagen gaan Fransen er langs de kust graag op uit met schepnetjes en ander materiaal om het middageten zelf vers uit zee te plukken. Levert dat niet genoeg op, dan is er gelukkig altijd nog de vismarkt. Foto links, Piet Botermans.

Baguette!

Croissant, chausson aux pommes, pain au chocolat, het zijn typische Franse broodjes die door de Fransen "viennoiserie" worden genoemd. De croissant zou in Frankrijk terecht zijn gekomen dankzij een Oostenrijkse bakker die in 1839 in Parijs neerstreek.

's Ochtends naar de bakker, handen schudden met iedere bekende die je tegenkomt en met je verse stokbrood onder de arm op je gemak naar huis drentelen. Een echte Franse gewoonte. Over de oorsprong van de "baguette" doen allerlei verhalen de ronde: hij zou voor het eerst gemaakt zijn in de Napoleontische tijd, of juist vlak na de Eerste Wereldoorlog, hij zou zijn komen overwaaien uit Wenen of juist bedacht zijn door een Parijse bakker; de geleerden zijn het er niet over eens. Zeker is dat bakkers in vroeger tijden hun brood enkel bakten in de vorm van een bol, een "boule". Vandaar de naam "boulanger".

Parijzenaars beweren graag dat hun stokbrood van oudsher het lekkerste van Frankrijk is. Dat kan zo zijn, maar zeker is dat de receptuur voor de "baguette de tradition française" in 1993 van overheidswege is vastgesteld tot op zowat de laatste gram zout. Voor de "baguette ordinaire" gelden niet zulke strenge regels, maar wie ziet het verschil?

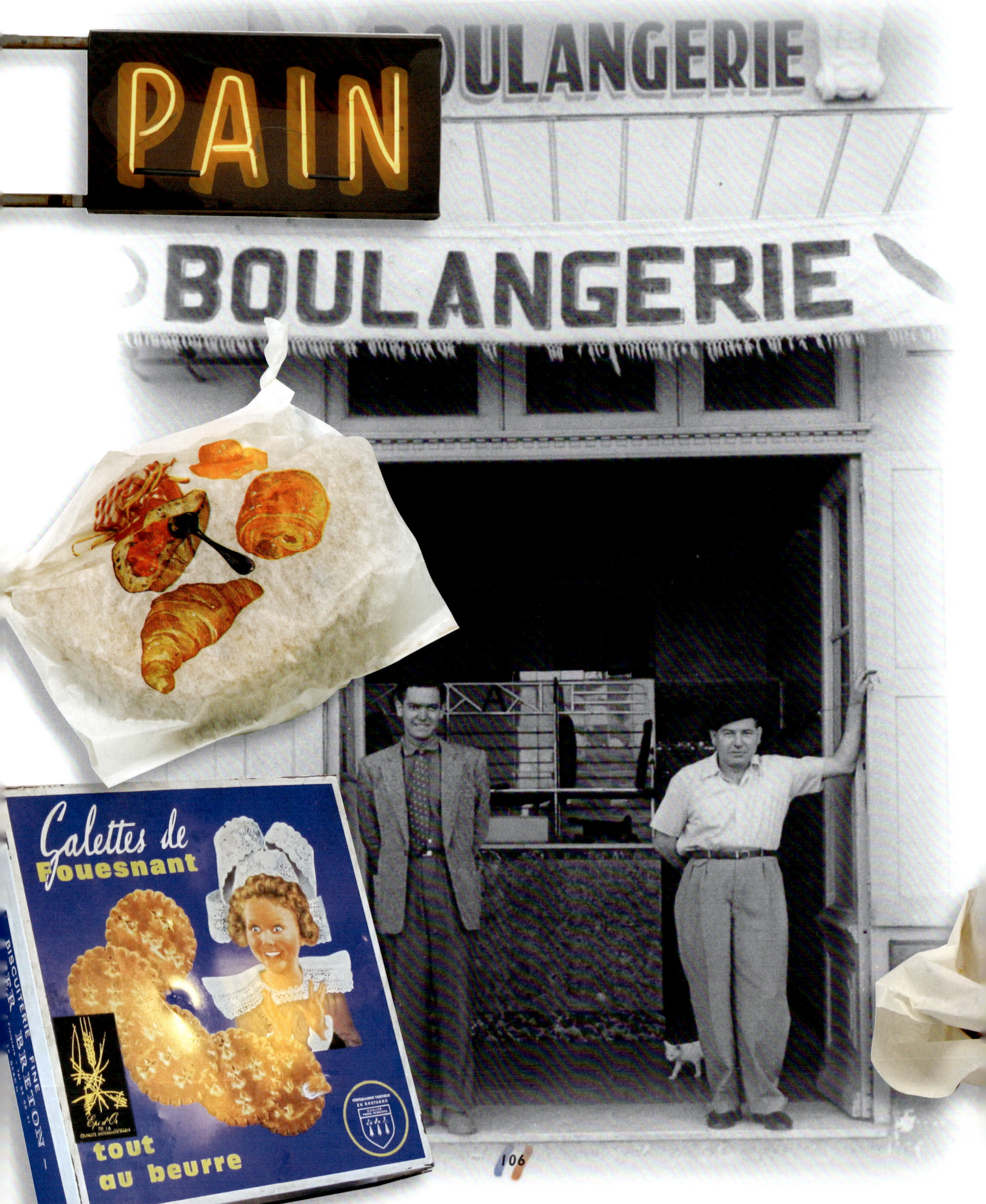
PAIN
BOULANGERIE
BOULANGERIE
Galettes de
Fouesnant
tout
au beurre
BISCUITERIE FINE
BRETON

Op het platteland bestonden gemeenschappelijke broodovens. In deze ovens werd gezamenlijk brood gebakken voor een heel dorp of gehucht, soms wel 100 kilo tegelijk, in broden die ieder wel vijf kilo wogen en zo'n drie maanden bewaard konden worden. Maar of het dan nog lekker knapperig was?

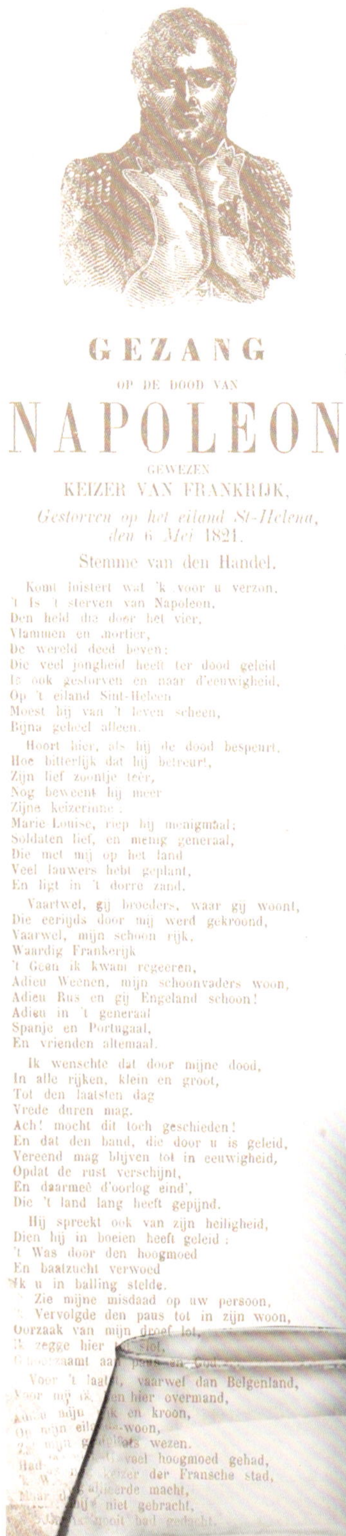

GEZANG

OP DE DOOD VAN

NAPOLEON

GEWEZEN

KEIZER VAN FRANKRIJK,

Gestorven op het eiland St-Helena, den 6 Mei 1821.

Stemme van den Handel.

Komt luistert wat 'k voor u verzon.
't Is 't sterven van Napoleon.
Den held die door het vier,
Vlammen en mortier,
De wereld deed beven:
Die veel jongheid heeft ter dood geleid
Is ook gestorven en naar d'eeuwigheid,
Op 't eiland Sint-Heleen
Moest hij van 't leven scheen,
Bijna geheel alleen.

Hoort hier, als hij de dood bespeurt,
Hoe bitterlijk dat hij betreurt,
Zijn lief zoontje teêr,
Nog beweent hij meer
Zijne keizerinne:
Marie Louise, riep hij menigmaal;
Soldaten lief, en menig generaal,
Die met mij op het land
Veel lauwers hebt geplant,
En ligt in 't dorre zand.

Vaartwel, gij broeders, waar gij woont,
Die eertijds door mij werd gekroond,
Vaarwel, mijn schoon rijk,
Waardig Frankerijk
't Geen ik kwam regeeren,
Adieu Weenen, mijn schoonvaders woon,
Adieu Rus en gij Engeland schoon!
Adieu in 't generaal
Spanje en Portugaal,
En vrienden altemaal.

Ik wenschte dat door mijne dood,
In alle rijken, klein en groot,
Tot den laatsten dag
Vrede duren mag.
Ach! mocht dit toch geschieden!
En dat den band, die door u is geleid,
Vereend mag blijven tot in eeuwigheid,
Opdat de rust verschijnt,
En daarmeê d'oorlog eind',
Die 't land lang heeft gepijnd.

Hij spreekt ook van zijn heiligheid,
Dien hij in boeien heeft geleid:
't Was door den hoogmoed
En baatzucht verwoed
Ik u in balling stelde.
Zie mijne misdaad op uw persoon,
Vervolgde den paus tot in zijn woon,
Oorzaak van mijn droef lot,
...

Voor 't laatst, vaarwel dan Belgenland,
... hier overmand,
... en kroon,
... -woon,
... wezen.
... veel hoogmoed gehad,
... der Fransche stad,
... macht,
... niet gebracht,

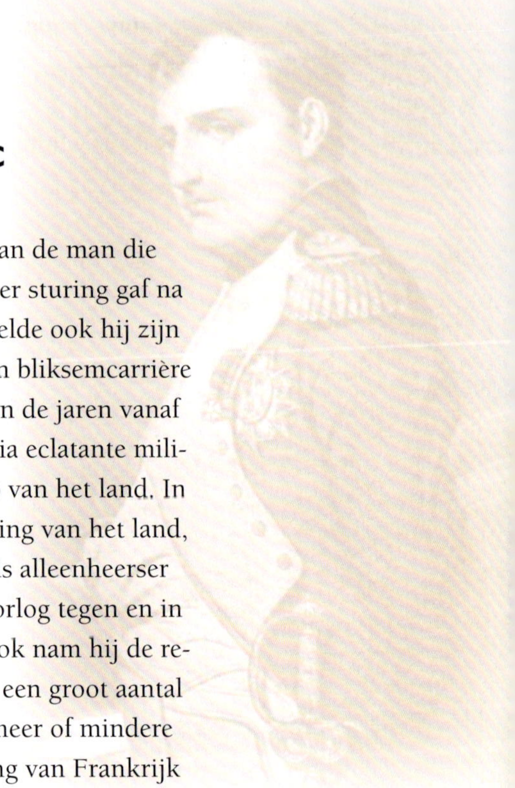

Napoleon, keizer en cognac

"Le petit caporal", de kleine keizer, de adelaar, enkele bijnamen van de man die Frankrijk grondig heeft veranderd. Hij was degene die Frankrijk weer sturing gaf na de woelige jaren van de Revolutie, maar zoals alle dictators overspeelde ook hij zijn hand en werd uiteindelijk verslagen en afgezet. Napoleon maakte een bliksemcarrière in het leger, hij was al op 24-jarige leeftijd generaal. Frankrijk was in de jaren vanaf de revolutie vrijwel permanent in oorlog en Napoleon werkte zich via eclatante militaire overwinningen en goed verhulde blunders een weg naar de top van het land. In 1799 greep hij via een staatsgreep, hoewel gepresenteerd als de redding van het land, de macht. Eerst als hoofd van een drietal "Consuls" maar al snel als alleenheerser die zich in 1804 tot keizer kroonde. Niet alleen voerde Napoleon oorlog tegen en in ongeveer heel Europa, ten koste van ontelbaar veel mensenlevens, ook nam hij de reorganisatie van Frankrijk ter hand. En hoe dictatoriaal hij ook was, een groot aantal van zijn maatregelen en wetten zijn tot op de dag van vandaag in meer of mindere mate nog van toepassing in Frankrijk. Denk alleen al aan de indeling van Frankrijk in departementen of de instelling van het kadaster. In 1814 leek het uit voor Napoleon, Parijs werd veroverd door Frankrijks Europese vijanden en Napoleon werd afgevoerd naar Elba, voor de kust van Italië. Hij wist echter te ontsnappen en maakte een glorieuze comeback, die slechts 100 dagen duurde, waarna hij en zijn legers in 1815 bij Waterloo werden verslagen. Ditmaal werd hij verbannen naar Sint-Helena, in de Atlantische Oceaan, waarvan ontsnappen onmogelijk was. Hij overleed er in 1821, bijna 52 jaar oud. Al bij zijn leven begon de mythevorming rondom Napoleon, en nog altijd blijft hij fascineren: zo briljant, zo ijdel, zo'n misdadiger, zo'n strateeg...

De term "Napoléon" op een fles cognac is een aanduiding van de leeftijd van de cognac. Hoe oud die precies is kan per merk nogal variëren. En af en toe duikt er zelfs nog een flesje op uit zijn eigen tijd!

Ook heden ten dage doet Napoleon het nog goed op snuisterijtjes of als toeristische trekpleister op plaatsen waar hij van zich heeft doen spreken, zoals de Route Napoléon in het zuiden van Frankrijk. En er zijn nog heel wat namen van straten, pleinen of cafés die verwijzen naar zijn veldslagen.

Georges Brassens

De bescheiden zanger die ondanks zichzelf beroemd werd. De uit Sète afkomstige Georges Brassens trok als jongeman naar Parijs en wilde eigenlijk vooral chansons voor anderen schrijven. Maar van lieverlee geraakte hij toch zelf op het podium en vanaf begin jaren vijftig begon zijn ster te rijzen. In zijn melodieuze, vriendelijk klinkende chansons stelde hij op poëtische en geestige wijze de hypocrisie van de Franse samenleving aan de kaak en uitte zijn kritiek op bijvoorbeeld religie en burgerlijke sociale conventies. Zijn wat anarchistische inslag stak hij niet onder stoelen of banken. Dat paste wel in het roerige Parijs van de jaren vijftig en zestig, maar het bravere deel van de bevolking had er meer moeite mee. Zijn lied "Le Gorille" bijvoorbeeld, waarin hij pleitte tegen de doodstraf, die nog bestond in Frankrijk, is lange tijd geboycot geweest op de radio. Brassens, overleden in 1981, is nog steeds erg geliefd en zijn chansons worden nog vaak vertolkt door Franse artiesten.

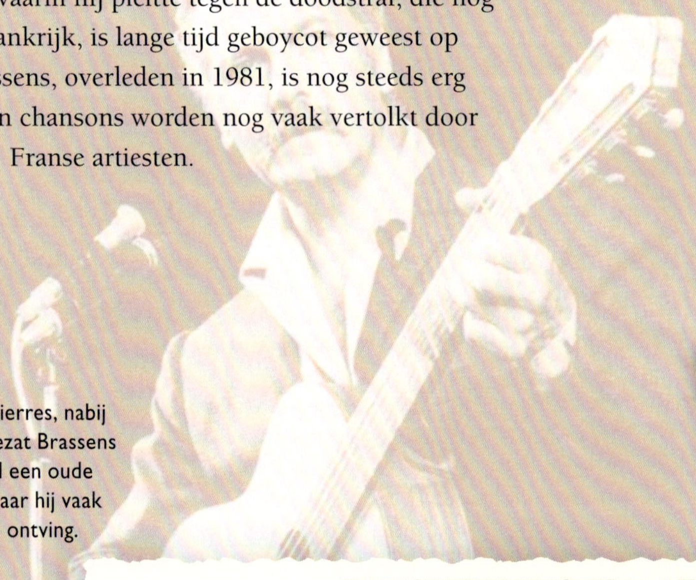

In Crèspierres, nabij Parijs, bezat Brassens lange tijd een oude molen waar hij vaak vrienden ontving.

Charles Aznavour

Wereldwijd bekend, de ambassadeur van het Franse chanson, Charles Aznavour. Hoewel Frans? In welke taal heeft hij eigenlijk níét gezongen? Engels, Spaans, Italiaans, Duits, het lijkt wel of hij alles kon. Naast zanger was hij ook acteur in talloze films. Aznavour (1924) is geboren Fransman van Armeense afkomst. Op 9-jarige leeftijd stond hij al op de bühne, maar het was Edith Piaf die hem in 1946 zijn grote kans gaf door hem mee te nemen op tournee door Amerika en het grote succes begon in eerste instantie in Canada. In de jaren '50 werd hij ook in Frankrijk bekend, al waren de kritieken hem in het begin bepaald niet goedgezind. Het publiek gelukkig wel. In de jaren '60 groeide hij uit tot de Franse en wereldster die hij nog altijd is. Hits als "La Bohème" en "She" zijn maar een paar van de meer dan 1.000 chansons op zijn repertoire. Ondanks zijn inmiddels hoge leeftijd weet de kleine man met het grote charisma en de bijzondere stem gelukkig nog van geen ophouden en begint hij telkens aan weer een nieuwe afscheidstournee.

Met Marie Dubois speelde Aznavour in de film *Tirez sur le pianiste*, 1960.

PRESIDENT

De boerderij

Meer dan de helft van het Franse oppervlak bestaat uit boerenland, ruim eenderde is bosachtig gebied en de minder dan 15% die overblijft is verstedelijkt. Er is nog heel wat ruimte dus en dat is een van de redenen dat we er zo graag met vakantie gaan. Toch is die ruimte niet leeg. Frankrijk is bezaaid met dorpjes, gehuchtjes en losse boerderijen. Hoewel er in deze tijd nog zo'n 730.000 boerenbedrijven zijn, staan er ook heel erg veel boerderijen leeg. Sommige worden vakantiewoning, andere blijven leeg tot het verval niet meer gekeerd kan worden en de boel instort. Wat een verschil met nog maar zestig jaar geleden. Het leven op de boerderij was hard in tijden waarin er nog geen landbouwsubsidies bestonden, maar de ouderen van nu kijken er toch met nostalgie op terug. Dorpen waren dichter bevolkt, er waren rondreizende arbeiders, de hele familie hielp mee. Er was altijd veel reuring in drukke tijden van oogst, in de slachttijd, bij het hooien. En kermis en jaarmarkt als de drukke periode weer achter de rug was. Een tijd waarin het tempo werd bepaald door de ossen en de eerste tractor. En ja, ook al door de 2CV, als aankondiging van de nieuwe tijd.

Tot ruim in de twintigste eeuw werd er gebruikgemaakt van de ossenkar. Niet zozeer omdat het goedkoop of praktisch zou zijn. Nee, waarom veranderen als het zo ook kan.

Op de achtergrond de berg waarin zich de grotten van Roquefort bevinden.

Je kunt er niet omheen, als je in de plaats Roquefort komt: overal muurschilderingen en kunstwerken met schapen en kaas.

Ook van geitenmelk worden de lekkerste en fraaiste kaasjes gemaakt.

Vooruit met de geit

Geiten en schapen, grazend op rotsige heuvels en in geurig struikgewas, ook die horen natuurlijk bij Frankrijk. Want ze maken melk, en daar kun je kaas van maken. En kaas mogen de Fransen graag eten. Overal in het land vind je geiten- en schapenboerderijen, en in bijvoorbeeld de Pyreneeën zitten hoog in de bergen nog heel wat herders met hun kudden. En daar het de taak van de herdershond is overdag op de schaapjes te passen, heeft de herder de handen vrij om zich te wijden aan de ambachtelijke kaasmakerij. Natuurlijk gaat het er ook minder romantisch aan toe en wordt er op meer industriële wijze geproduceerd. Kijk maar eens in de supermarkt in het schap, het ligt er vol met rolletjes geitenkaas (de zgn. "bûches") en bijvoorbeeld stukken roquefort. Jawel, roquefort is schapenkaas, die pas zo mag heten als hij gerijpt is diep in de grotten van de Rocher du Combalou, de berg naast het stadje Roquefort.

En wat een genot om al die soorten geiten- en schapenkaas te proberen die er bij de boer of op de markt te koop zijn. Want echt, in tegenstelling tot wat veel Nederlanders denken zijn het niet allemáál kaasjes die zó verschrikkelijk stinken dat je van schrik de keuken uit vlucht.

Roquefort, wie kent het niet. In de sla of na het eten met een lekker glaasje wijn. De grotten liggen er vol mee.

Le Nouaille, een schapenkaas van het plateau de Millevaches.

Langres

Camembert

Caprice des Dieux

Sainte-Maure de Tou-
raine

Fourme d'Ambert

Neufchâtel

Coulommiers

Rochebaron

Reblochon

Chaource

Ook kazen hebben hun keurmerken, de Appellation d'Origine Protégée (AOP) en Appellation d'Origine Contrôlée (AOC), die de kwaliteit en de herkomst uit een bepaald gebied garanderen.

Port Salut

Cantal Entre-Deux

Voor de één een reden om naar Frankrijk te gaan, voor de ander de schrik van de vakantie: Franse kaas! Voor een Fransman is kaas in ieder geval een van de pijlers van het bestaan. Een maaltijd zonder kaas is als een mooie vrouw met maar één oog, zo heeft een Frans gastronoom het eens uitgedrukt. President De Gaulle zag het weer anders. "Hoe kun je verwachten over een land te regeren dat 258 verschillende soorten kaas maakt?" schijnt hij eens verzucht te hebben.

11. - Tour de Crocq (Creuse)

min de ronde.
10
BUVARD
à la ville...
à la campagne,
LUMIÈRE PLUS BLANCHE
PILE
MAZDA
CIPEL
avec
LA PILE
MAZDA
LUMIÈRE BLANCHE
EXIGEZ-LA

CANTAL
LE FAU
Château
Façade côté
de l'entrée.
12
BUVARD
à la ville...
à la campagne,
LUMIÈRE PLUS BLANCHE
PILE
MAZDA
CIPEL
avec
LA PILE
MAZDA
LUMIÈRE BLANCHE
EXIGEZ-LA

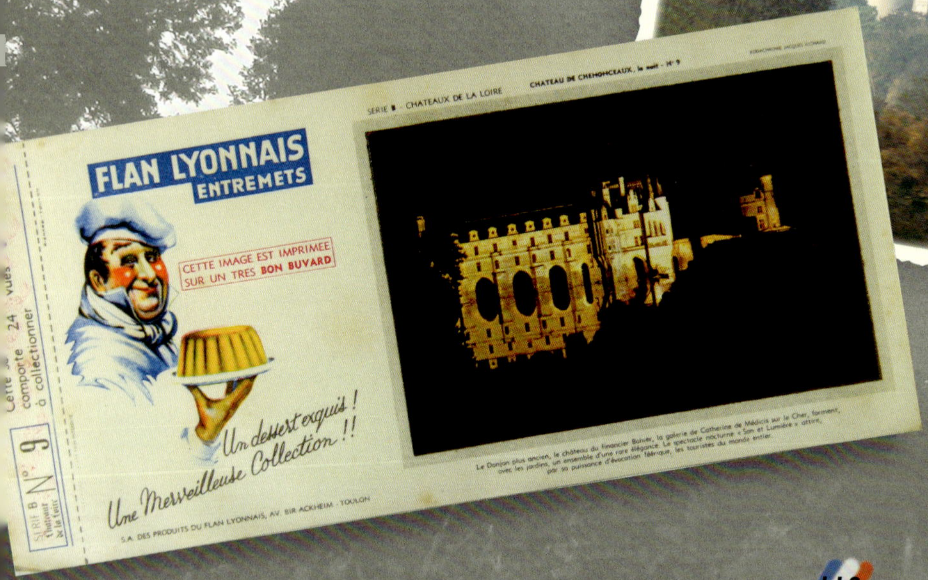
Cette série comporte 24 vues à collectionner
SERIE B Châteaux de la Loire
N° 9
FLAN LYONNAIS
ENTREMETS
CETTE IMAGE EST IMPRIMEE
SUR UN TRES BON BUVARD
Un dessert exquis !
Une Merveilleuse Collection !!
S.A. DES PRODUITS DU FLAN LYONNAIS, AV. BIR-ACKHEIM - TOULON
SERIE B - CHATEAUX DE LA LOIRE
CHATEAU DE CHENONCEAUX, la nuit - N° 9
Le Donjon plus ancien, le château du financier Bohier, la galerie de Catherine de Médicis sur le Cher, forment, avec les jardins, un ensemble d'une rare élégance. Le spectacle nocturne « Son et Lumière » attire, par sa puissance d'évocation féerique, les touristes du monde entier.

Kastelen

Er is geen dorp in Frankrijk of het heeft wel zijn eigen "château". Een monumentaal bouwwerk uit de middeleeuwen, een groot uitgevallen landhuis, een oude toren, een zeventiende-eeuws paleis of een uit de kluiten gewassen wijnboerderij, ze zijn er letterlijk in alle vormen en maten en uit alle tijden. Soms zijn het nog slechts de restanten van wat ooit een enorm verdedigingswerk was, nu in een vergeten uithoek van Frankrijk, maar toentertijd op een strategisch punt in een welvarende en belangrijke streek. Andere kastelen zijn enkel gebouwd om te pronken met rijkdom en om indruk te maken, maar dienden geen enkel militair doel. In ieder geval stralen ze alle nog de glorie van de Franse historie uit.

Er zijn er heel wat tot nationaal erfgoed geworden, inmiddels het bezit van de Franse staat en toegankelijk voor bezoekers. Maar een heel groot deel is nog altijd privébezit, soms al eeuwenlang binnen een vermogende familie, soms door recente rijken aangekocht, en soms door ondernemende romantici die er hun droom willen verwezenlijken. Eigenaars die er hun ziel, zaligheid en kapitaal in steken om hun kasteel tot in de puntjes te restaureren en te onderhouden. Gelukkig stellen veel van die eigenaars hun bezit open (het moet natuurlijk ook wat opbrengen!) en kunnen wij het bezoeken als museum of chambres d'hôtes en ons even in andere tijden wanen.

Kastelen werden in het verleden al veel gebruikt om handelswaar aan te prijzen. Wat ze met batterijen of "flan" (pudding) te maken hebben is niet duidelijk. Maar ze waren decoratief en zeer geschikt om op vloeibladen te drukken, die toen nog op grote schaal gebruikt werden.

VALRAS-la-PLAGE

Stranden

Al voor de Eerste Wereldoorlog hield men van een verfrissend bad in zee, maar topless zonnen was er toen nog niet bij!

De Franse kust loopt in het westen van Zuydcoote tot aan Biarritz, in het zuiden van Cerbère tot Menton en niet te vergeten rondom het hele eiland Corsica. Van de nederigste vissersplaatsjes tot de grote mondaine badplaatsen, je vindt het er allemaal. De Fransen zijn gek op hun kustplaatsen en op het strand. Waren het vroeger alleen de rijken die zich er kwamen verpozen in dure hotels en casino's, sinds in 1936 iedereen recht kreeg op twee weken vakantie per jaar kwamen ook de grote massa's naar het strand. En bovendien al die buitenlandse toeristen. Er is strandvermaak voor iedere smaak: stoere kiezelstranden langs hoge rotsen, eindeloze zandstranden langs azuurblauwe zee, stranden langs drukke boulevards waar je vooral ligt om gezien te worden of afgelegen baaitjes waar je slechts bij laag tij naartoe kunt. En na al dat bakken en spelen in de zon moet je natuurlijk even afkoelen op een terrasje met een ijsje of zo'n echte Franse Orangina.

Wonen met uitzicht op een kasteel! Al is het maar voor twee weekjes per jaar en is je huis van tentdoek. Leven als god in Frankrijk.

Op de camping

Kamperen is in Frankrijk al decennialang de populairste manier om de vakantie door te brengen. Sinds de invoering in 1936 van de "congés payés" (de doorbetaalde vakantie) voor iedere werknemer, trokken de Fransen er en masse met de tent op uit. Het was niet duur en je kwam nog eens buiten! In augustus stroomden de steden leeg en het platteland vol. Men kampeerde in het wild of bij de boer of op een officieel kampeerterrein, waarvan er al snel steeds meer kwamen. In de jaren '50 begonnen caravan en vouwwagen aan een opmars, later gevolgd door de camper.

Ook buitenlandse toeristen spoeden zich 's zomers al sinds jaar en dag in groten getale naar Franse campings, voor zon, zee, een beetje cultuur, lekker eten en ontspanning. Maar ook het gezamenlijke douchehok, de geur van merguez-worstjes op de barbecue, flirten aan het zwembad, vriendjes worden met kinderen uit andere landen, het hoort allemaal bij een vakantie op de camping. Wie daar niet zo van houdt reserveert een plekje op een "camping à la ferme", op de boerderij, om te genieten van kleinschaligheid, rust en het buitenleven. En wie nog meer eenzaamheid wil, pakt de rugzak en gaat wildkamperen. In Frankrijk kan en mag het allemaal.

Nergens smaken verbrande worstjes of een ongare steak zo lekker als buiten op de camping.

éternelle edith Piaf

Simone Signoret (1921-1985) was een van Frankrijks grootste actrices. Ze raakte bij toeval bij de film, maar groeide uit tot een ster. In 1951 trouwde ze met de zeer populaire zanger/acteur Yves Montand. Ze bleven tot haar dood bij elkaar. Het leek wel of Signoret naarmate ze ouder (en lelijker) werd steeds mooiere rollen speelde, zoals bijvoorbeeld in *La vie devant soi* uit 1977.

Simone Signoret, net als wijn, hoe ouder hoe karaktervoller.

Michel Fugain en zijn blije "Big Bazar" dansten en zongen zich een weg door de jaren '70. "Une belle histoire" was een van hun grootste hits. Na de "Big Bazar" kwam "La Compagnie" en daarna een lange solocarrière.

Edith Piaf, (1915-1963) begon als straatzangeres en groeide uit tot de grootste chansonnière die Frankrijk ooit gekend heeft. In 1944, toen zij al grote bekendheid genoot, ontmoette ze opkomend zanger Yves Montand. Ze hielp hem met zijn carrière, ze hadden enige tijd een relatie en speelden samen in de film *Etoile sans lumière* (1946).

Serge Gainsbourg, (1928-1991) Frankrijks getalenteerde en geliefde enfant terrible van de muziek en de kunst. Vaak dronken, onafscheidelijk van zijn sigaret en bijna altijd met een mooie vrouw aan de arm. Met Jane Birkin had hij de hit "Je t'aime, moi non plus".

Van chansons, dans en films

Adamo en Françoise Hardy, twee populaire zangers uit de jaren '60.

Een groot land als Frankrijk, met een rijke film- en muziekcultuur, kent natuurlijk vele sterren en het is onmogelijk ze allemaal te noemen. Iedere periode heeft zijn eigen beroemdheden, en Frankrijk blijft ze trouw, ook al zijn ze reeds overleden of is hun actieve periode allang voorbij. Sterren als Edith Piaf, Yves Montand, Fernandel, Simone Signoret, Dalida, Gilbert Bécaud of Romy Schneider hebben hun plaats in de geschiedenis verdiend en er wordt nog altijd met weemoedige liefde en respect over ze gesproken. Opvallend is dat veel van Frankrijks sterren eigenlijk van niet-Franse origine waren en zijn, al zijn ze vaak wel in Frankrijk opgegroeid. Blijkbaar is Frankrijk een land waar afkomst er niet toe doet zodra iemand werkelijk talent heeft. En zich in goed Frans weet uit te drukken, dat wel.

Zanger en acteur Fernandel (1903-1971), een niet weg te denken pastoor uit de Franse filmwereld (Don Camillo).

Onze eigen Nederlandse Dave (eigenlijke naam Wouter Levenbach) is een echte Franse ster. Hij scoorde in de jaren '70 menige hit, zoals "Dansez maintenant" (1975). In de jaren '80 raakte hij wat in de vergetelheid om in de jaren '90 een uitbundige comeback te maken, als zanger en presentator op televisie. Hij trekt nog altijd volle zalen en mag belangrijke gebeurtenissen in Nederland op de Franse tv van commentaar voorzien; of het nu gaat om een kroonprinselijk huwelijk of omvallende dominostenen.

De Belg Jacques Brel (1929-1978) was niet alleen in Frankrijk, maar in heel de wereld, mateloos populair met zijn prachtige Franstalige chansons.

Gilbert Bécaud (1927-2001), bijgenaamd "Monsieur 100.000 volts" vanwege zijn ongekende energie op het podium. Chansons als "Et maintenant" en "Nathalie" werden wereldhits.

MENDE
LE MONASTIER
CHIRAC
CHANAC
FLORAC
C 1
Col de la Croix Morand
Alt : 1401 m
Pharmacie
BORNE MICHELIN
23 →
LE VIGAN
Gc 48
BORNE MICHELIN
ROUTE FORESTIÈRE
DHOMBRE
MONTALS 3 →
CÉDEZ LE
PASSAGE

En wat we allemaal niet lieten zien

Vreemde plaatsnamen, oorlogsmonumenten, betonnen wegwijzers, zoenen, handjes schudden, vervelende insecten, bovengrondse elektriciteitsdraden, vulkanische hoogten, diepe grotten, kermissen, stadhuizen, champagne, lavendel, foie gras, watertorens, koude winters, skieën, bergbeklimmen, stations, spuitflessen, ezels, gendarmes, picknicken, oude en nieuwe franken, en ga zo maar door. Frankrijk is een land waarvoor je een leven nodig hebt om het te ontdekken. En dan nog...

Toen waren we weer thuis!

Zonder onderstaande mensen was het niet mogelijk geweest dit boek samen te stellen. Piet en Ria Botermans, Michel Mazurier, Christian (Cri-cri)Viarteix, Pascal Truffy, Roger en Denise Martinaud, Emilien Sursingeas, Emmanuel Bertrand (Spar, Peyrat le Château), Jean-Pierre en Hélène Laigneau, Philip en Monique Lentz, Onno en Huguette Tichler, Marcelle en Emile (Milou) Goudour, Marie Camus.

Plus que jamais, c'est le moment de faire l'élevage de
POULES - LAPINS - CANARDS - OIES
Les cours par correspondance de

L'ÉCOLE BELGE D'AVICULTURE

enseignent les méthodes américaines qui donnent les gros succès dans l'élevage des poules et lapins. PROGRAMME VC illustré sur demande accompagnée de **50** francs à **l'ÉCOLE BELGE D'AVICULTURE, à Bétoncourt-sur-Mance (Haute-Saône).**

SI VOUS AVEZ UN JARDIN
demandez le **GUIDE** des **PÉPINIÈRES**

GAUJARD-ROME, CHATEAUROUX (Indre)

128 pages, 160 clichés franco contre 200 fr. au C. C. P. Limoges 274-35
REMBOURSÉ A LA PREMIÈRE COMMANDE
traitant
L'ART DES JARDINS - LA PRODUCTION FRUITIÈRE - LA TAILLE - LES ENGRAIS - TRAITEMENTS DESCRIPTIFS DE TOUS LES ARBRES ET VÉGÉTAUX DE PLEIN AIR

Leur technique MODERNE réalisera tous vos projets
— Conseils à DOMICILE ou par CORRESPONDANCE —

En Octobre, plantez : FRAISIERS, PLANTES VIVACES, PIVOINES, IRIS
Retenez dès maintenant vos ARBRES pour l'AUTOMNE
Documentation et tarif n° 115 sur demande
PEUPLIERS A CROISSANCE RAPIDE

COUVEUSES-ÉLEVEUSES ÉLECTRIQUES - PÉTROLE - CHARBON
Toutes capacités
MAMMOUTHS PETERSIME
Œufs à couver - Poussins
ROULLIER-ARNOULT, GAMBAIS (S.-et-O.) - Tél. 2 - *Fondés en 1873*
Tarif : 15 fr. — Catalogues : 60 fr. timbres

POUSSINS - POULETTES - REPRODUCTEURS
Croisements pour engraissement, sexage par japonais
RACES : Leghorn, Wyandotte, Coucou Malines — 3 000 reproductrices sélectionnées au nid-trappe

POULAILLERS
démontables et extensibles
ÉLEVAGE
SAINTE-MARIE
LA PUISAYE
(E.-et-L.) Tél. 1

R. PINGUET
PÉPINIÈRES DE TOURAINE

21, Avenue du Mans - ST-SYMPHORIEN
(Indre-et-Loire) Tél. : Tours 47-61

TITULAIRE DU LABEL DE GARANTIE DU SYNDICAT HORTICOLE DE TOURAINE

TOUS ARBRES FRUITIERS
FORESTIERS
D'ORNEMENT
ROSIERS
VIGNES

Spécialité d'arbres fruitiers formés

PRIX COURANT GRATUIT SUR DEMANDE
Les Arbres du Jardin de la France

THIEBAUT

SPÉCIALISTE
DES OIGNONS A FLEURS DE HOLLANDE

30, PLACE DE LA MADELEINE, 30
PARIS (8e) **Tél. : OPÉ. 29.03**

OFFRE SPÉCIALE DE COLLECTIONS

Malgré les hausses, mêmes prix exceptionnels qu'en 1950. Pour en bénéficier jusqu'au 31 Octobre 1951, mentionnez *Vie à la Campagne*

1 Collection de 20 Jacinthes 17-18 c/m, en 5 couleurs........ **1 100 fr.**

1 Collection de 80 Tulipes extra, en 8 variétés. **1 100 fr.**

1 Collection de 100 Oignons à Fleurs, en 15 variétés........ **1 100 fr.**

Les 3 Collections ensemble pour seulement. **3 000 fr.**

EN VOUS RECOMMANDANT DE CETTE REVUE, VOUS RECEVREZ UNE TRÈS BELLE DOCUMENTATION CONCERNANT: **ROSIERS, ARBRES FRUITIERS, DAHLIAS, PLANTES VIVACES ET TOUT CE QUI CONCERNE LE JARDIN.**

ET N'OUBLIEZ PAS SURTOUT QUE, POUR OBTENIR UNE PARFAITE RÉUSSITE DE CES PLANTATIONS, IL FAUT QUE CELLES-CI SOIENT FAITES A L'AUTOMNE.

RELIEUR-CLASSEUR
VIE A LA CAMPAGNE
1 CLASSEUR : net : 350 ; franco rec. : 425 fr
Aucun envoi contre remboursement.
C. C. P. : Paris 26.83. Bien spécifier sur le talon l'objet de la Commande.

***POUR NOVEMBRE,** envoyez-nous vos ordres de publicité avant le 10 Octobre.*

---

10 ARBRES FRUITIERS
MATURITÉ ÉCHELONNÉE
1 500 FRS Franco de port et d'emballage
5 POMMIERS : 1 ou 2 ans
5 POIRIERS quenouille : 2 ou 3 ans
10 ROSIERS nains écussons : 1 250 fr.
PÉPINIÈRES BORDET
BROU **(E.-&-L.)**
Expédiés à réception du mandat. — C. C. P. 1587-87
Catalogue sur demande.

COUVEUSE-ARMOIRE-ÉCLOSOIR
à différentes combinaisons
CAPACITÉ : 700 Œufs pour éclosions échelonnées, et 600 Œufs pour éclosions en une seule fois
notice détaillée contre timbre
CATALOGUE GÉNÉRAL et RÉFÉRENCES contre 30 Frs en timbres
MATÉRIEL AVICOLE "FAVOR"
LA GRANDE MARQUE RÉPUTÉE POUR LA QUALITÉ DE SES FABRICATIONS
30e Année.
COUVEUSES planes à partir 50 Œufs
COUVEUSES "Armoire" à partir de 600 Œufs
ÉLEVEUSES électriques au pétrole, au charbon, à étages
GERMOIRS - MARQUES A AILES
J.M. CLERC. constructeur TOMBLAINE (M&M)
Fournisseur d'écoles d'agriculture, Vétérinaires, Ménagères...

PRODUCTIONS MAINTENON **La Chaumine**

COUVEUSES - ÉLEVEUSES
Poulaillers - Clapiers - Tout matériel
POUSSINS CHAIR : 70 fr.
Catalogue couleurs n° 70 contre 8 timbres à 15 fr.
AVICULTURE - APICULTURE
La Chaumine constructeur

Le Gérant : WALTENER. — Imprimé en France par l'imprimerie CRÉTÉ, à Corbeil. — 776-9-51 — Dépôt légal : 3e trimestre 1951. N° 4568.